体育文化创新发展研究

孙立红◎著

吉林出版集团股份有限公司
全国百佳图书出版单位

图书在版编目（CIP）数据

体育文化创新发展研究 / 孙立红著 . -- 长春 :
吉林出版集团股份有限公司 , 2022.9
ISBN 978-7-5731-2528-6

Ⅰ . ①体… Ⅱ . ①孙… Ⅲ . ①体育文化 – 研究 Ⅳ .
① G80-054

中国版本图书馆 CIP 数据核字 (2022) 第 183218 号

体育文化创新发展研究

TIYU WENHUA CHUANGXIN FAZHAN YANJIU

著　　者　孙立红
责任编辑　李　娇
封面设计　李　伟
开　　本　710mm × 1000mm　　1/16
字　　数　210 千
印　　张　11.75
版　　次　2023 年 1 月第 1 版
印　　次　2023 年 1 月第 1 次印刷
印　　刷　天津和萱印刷有限公司

出　　版　吉林出版集团股份有限公司
发　　行　吉林出版集团股份有限公司
地　　址　吉林省长春市福祉大路 5788 号
邮　　编　130000
电　　话　0431-81629968
邮　　箱　11915286@qq.com
书　　号　ISBN 978-7-5731-2528-6
定　　价　72.00 元

作者简介

孙立红　女，毕业于山东师范大学体育学院，硕士学历，现就职山东财经大学体育学院，副教授。2015 年获山东省第二届高等学校教师基本功大赛二等奖，2021 年获得省级微课比赛一等奖。发表核心期刊论文 5 篇，参与厅级课题一项。研究方向为高校体育教育与体育哲学。

前　言

体育活动作为人类特有的一种社会文化活动，体现了人类在征服自然和改造自然过程中文明发展的程度，从历史发展的角度去看待和认识体育，更能深刻地体会到体育运动的发展离不开社会的发展和经济的强大。在体育迅猛发展的当今社会，体育生活化、大众化、产业化的理念正在促使人们对体育有一个全新的认识，人们不仅重视体育的价值和功能，也开始关注体育所独具的文化魅力。中国体育已经从学习、借鉴、模仿西方体育的模式中走出来，逐渐走进一个体育兴盛繁荣的时代，并具有了世界所公认的有中国特色的体育发展模式。这体现在我国所倡导的群众积极参与的全民健身运动，还体现在中国人越来越认识到体育作为一种文化影响着人们的生活方式，中国人对体育竞赛的关注程度，对健身体育、娱乐体育的参与热情，逐渐成为日常生活中不可分割的一项重要内容。本书将围绕体育文化创新发展展开论述。

本书第一章为体育文化概述，主要从三个方面进行阐述，分别是体育文化的概念、体育文化国内外发展现状以及体育文化的分类；本书第二章介绍校园体育文化的内涵与创新建设，主要从三个方面进行阐述，分别是校园体育文化基础知识、校园体育文化的发展简析以及校园体育文化的创新建设；本书第三章介绍休闲体育文化概述及创新路径，主要从三个方面进行阐述，分别是休闲体育文化概述、中西方休闲体育文化的发展现状以及休闲体育文化的创新路径；本书第四章介绍民族传统体育文化的传承与发展，主要从四个方面进行阐述，分别是民族传统体育文化概述、民族传统体育文化的研究现状、民族传统体育文化的价值与传承以及民族传统体育文化的创新发展；本书第五章介绍奥林匹克文化及其创新研究，主要从四个方面进行阐述，分别是奥林匹克运动概述、奥林匹克文化内涵、中国奥林匹克文化的发展概况以及奥林匹克文化的创新研究。

在撰写本书的过程中，作者得到了许多专家学者的帮助和指导，参考了大量的学术文献，在此表示真诚的感谢！本书内容系统全面，论述条理清晰、深入浅出。

由于作者水平有限，加之时间仓促，本书难免存在一些疏漏，在此，恳请同行专家和读者朋友批评指正！

孙立红

2022 年 5 月

目　录

第一章　体育文化概述

体育文化就是人类社会活动和体育活动中所建立起来的一整套规范体系和价值体系，以及体育活动的方式和设施等。它主要满足人自身的身心需要，是改造自身的文化类型。本章主要介绍体育文化概述，主要从三个方面进行阐述，分别是体育文化的概念、体育文化国内外发展现状以及体育文化的分类。

第一节　体育文化的概念

近二十年来，国内掀起了体育文化大讨论的现象，在对国内外近些年来出现的各类体育文化进行审视的同时，也从不同的视角对其进行了界定。在谈及体育文化时，必然要在现有体育文化的诸多义项中做出自己的抉择或发表自己的见解，在此期间，国内已提出了几十种体育文化的定义。

一、文化的概念

人类是通过文化的发展而由野蛮走向文明的；是通过文化的熏陶从有生命的人到有社会的人；人的个性、气质、情操都各不相同，而风格也是通过文化来塑造的。没有文化，人类整个生命的意义和生存价值都将消失。当今我国要建设中国特色社会主义现代化国家，也要立足于现有的文化根基，努力创造新的历史模式。

根据词源和语义来看，文化（德语 kultur，英语 culture）是由拉丁语 cultura 演变而来，cultura 包含了耕种土地、祭祀神灵、培育动植物、培养心灵等多种意义。很明显这是指人类在文化创作中所扮演的角色。到了中古时代，文化已经有了物质和精神的区分，只不过精神文化实际上指的是宗教文化。除此之外，德语的文化内涵更为丰富，而英、法语言文化的含义是耕作、培育和精神修养。从广义上讲，文化概念往往与文明（civilization）是相互联系和替代的。在西方的文化传统中，人和文化是密不可分的。正如拉丁语中的“文明”指的是市民的事情，而由它转化的形容词或名词，指的是公民的地位、权利、品格和教养。文化的本质内涵就是“人类化”，它是人的价值观念在社会实践中的客体化，它是通过象征媒介来实现人类所创造的文化价值，它包含了文化的外部创造和人的精神。这种文化定义具有很深的内涵，它的本质是“人”，它揭示了“人”的创造，而文化同时也创造着“人”。这不仅说明了人与动物在生活行为上的差异，也为人类的文明进步和发展提供了依据。

文化的生存与发展和人的生存与发展密切相关，而文化概念的产生与发展和人们对自身的生存与意义的自觉认识密切相关。文化概念的诞生依赖于文化自身的生存与发展，而文化概念也会随着文化和人们对其认知的不断发展而不断向前。

总而言之，文化是人类改造自然、认识社会、实践社会的总和。它包含了人创造的外部产物和自身塑造的思想。

二、体育文化的不同定义

（一）物质与精神的二元关系

这种定义源自《辞海》“文”部条有关文化的定义——“文化从广义上说指人类社会历史实践过程中所创造的物质财富和精神财富的总和”的一个拷贝品。持这种看法的学者把体育文化看作体育活动的物质文明与精神文明的结合，也就是在特定的社会中，人们在长期的体育活动中所产生的物质财富与精神财富的总和。

（二）文化结构主义

我国也有许多学者提出了从文化结构层面角度出发对体育文化进行界定的观点。当前，理论界对文化结构的论述有很多种，如：物质文化与精神文化两分说，物质文化、制度文化、精神文化三层说；物资、制度、行为、心态四层说；物资、社会关系、精神、艺术、语言符号、风俗习惯六大子系统说等。

（三）狭义的文化概念

这种看法认为，体育文化仅限于体育精神现象、与其有关的社会意识、体制和组织机构，又称狭义体育文化论。狭义体育文化论主张将体育概念界定为精神领域，即体育是指以人的身体为基础的特别竞技手段，其主要目的是完善运动过程中人的精神方面的需求。

到底怎样界定体育文化？体育文化是以人类为主体的，它是人类独特的社会、文化和文明的产物，其包括了在整个体育发展的历史中人类创造的所有物质和精神财富。

第二节　体育文化国内外发展现状

一、我国体育文化发展过程

从改革开放以来的体育文化研究，大体可以分为以下三个阶段：第一个阶段（1979—1999 年）是体育文化研究的萌芽阶段，第二个阶段（2000—2008 年）是体育文化研究的快速发展阶段，第三个阶段（2009—2018 年）是体育文化研究的初步形成阶段。体育文化的形成和发展除其本身的发展动力外，还有一个广泛的社会和文化环境。它折射出了时代变迁，使我们国家的体育文化具有了全球化、多元化的特征。

（一）萌芽阶段（1979—1999 年）

1978 年中共十一届三中全会以后，中国全面开启了改革和对外开放。20 世纪 80 年代，“文化热”和“寻根文学”风靡全国，在当时“反思中国传统文化”的思想下，三联书店、上海译文出版社等以“走向未来”“走向世界”为题出版了相关的丛书，包括《现代西方学术文库》《当代学术思潮译丛》等，这对知识分子的知识结构和知识体系进行了重新建构。“文化热”在文学界、文艺界、学术界兴起，逐渐形成了中国的一股主流文化潮流，并在我国的体育界逐步形成一定的影响。在这段时间里，全片共 6 集的政论片《河殇》在国内引起了很大的轰动，它追寻着黄河文化和民族梦，向往蔚蓝的文明，并对中华民族未来、民族命运发起探究，引起了极大的社会关注。

在这样的社会和文化背景下，我国体育爱好者们也在“寻根”，寻找中国传统体育文化的源头。“气功热”在20世纪90年代盛行，正是由于“文化热”的影响，人们对民族传统体育文化特别重视，特别是对传统体育中的气功进行了研究。在此期间，一方面引进外国的作品进行翻译；另一方面，我国文坛、艺术界回归到了文化的本源，而我国的体育界也回归到了在传统中寻求“强身健体”的功用。在开放国际视野、促进世界认识的过程中，我国体育界和文化界在重视我国传统文化上取得了共识。

（二）快速发展阶段（2000—2008年）

2000年，进入新世纪，新的发展为中国的体育事业注入了新的活力。21世纪以来，中国取得了飞速发展，由此引发的“国学热”也在我国的社会中形成了一股文化思潮。

继20世纪80年代的“文化热”之后，学术界对传统文化的根源进行了追寻，并取得了许多成果。一是在港台及海外华人区域发现新的儒学团体。牟宗三、徐复观、张君劢、唐君毅、杜维明，这些当代新儒学的代表都在不断地向国内外传播着“国学”的理念。而所谓“国学”，则是“凡有一国，必有一国之学也”，泛指中国的传统文化不同于其他国家的“西学”。自20世纪90年代起，中国的国学热持续升温，并由知识界逐步向社会其他方面蔓延，中国的经济也在迅速增长，并逐步在国内外呈现出中国传统文化复兴的势头。

我国参加了2008年奥运会的申办，并于2001年7月举行的第112届会议上，在与五个国家的激烈竞争中，成功成为2008年夏季奥林匹克运动会的主办国。从2001年获得申办奥运的资格到2008年北京奥运会，中国体育事业迎来了黄金时代。在“绿色奥运，科技奥运，人文奥运”三大思想的指导下，我国的体育文化研究进入了一个蓬勃发展的全新阶段，并取得了大量的研究成果。

（三）初步形成阶段（2009—2018年）

北京2008年奥运会的圆满举办对中国来说是具有划时代意义的事件。基辛格博士，20世纪美国最资深的外交和国际问题专家，他在一本名为《论中国》的书中写道：“这段时间的象征性顶点是北京奥运会这幕大戏，它上演时正值经济危机在西方肆虐。这届奥运会不单纯是一项体育盛事，更被认为是中国复兴的标志。开幕式颇具象征性，随着一声巨响，两千面大鼓打破寂静，持续演奏了十分钟，仿佛在说我们来了！我们已成事实，不再被漠视，不再被嘲弄，我们准备向世界奉献文明！之后全球观众看到了长达一个小时的中华文明大戏。中国积贫积弱的过去，即所谓漫长的 19 世纪正式宣告结束。北京再次成为世界的中心，中华文明再次成为人们敬畏与羡慕的焦点。”基辛格博士所说的话，是西方观察人士对于中国的普遍看法。中国希望借北京奥运会的胜利，从一个世界大国，不断发展壮大，成为一个世界强国。因此，民族复兴、民族富强的“中国梦”成为中国的一种文化象征。中国和平地在全球崛起的机会越来越多。在这样的大环境下，实现体育强国梦已逐渐成为我国体育事业发展的一项重要战略。体育强国的梦想，不仅仅是体育赛事的金牌梦，它既能促进体育全面发展，又能提高体育的文化内涵，还能把中华文化推向世界，从而在体育软实力上，全面、均衡、可持续地发展中国体育事业。

二、我国体育文化发展现状

（一）体育文化内涵难以体现

中国体育发展历史上，特别是改革开放以来取得的卓越成绩，给我国今后的体育文化事业注入了新的活力。但我们也必须清楚，成绩已经成为历史，发展的道路还很长。体育文化在未来的发展中，将会遇到很多新的问题，遇到更多的困难，必须要有针对性地采取措施，以便在新的条件下发挥长处，取得新的发展。我们必须认识到，我国目前正处于并且将长期处于社会主义初级阶段，还没有从根本上改变经济发展方式、结构不合理、地区经济社会发展不均衡这些制约着发展的体制、机制问题。应该说，尽管经过了一些改革，但是体育文化的发展方式仍存在不足。当前，我国体育事业在不断深化的过程中，存在着一些错综复杂的问题，其中有关各方的身份还需要进一步厘清，其中的关系还需要理顺。要建立结合国办与社会办、政府与市场调节协调发展的依法治体、科教兴体的运行机制，道路艰苦且遥远。随着社会经济的发展，人们的经济收入、闲暇时间增多，人民群众对体育文化的要求越来越高、越来越多样化。人们对体育文化的需求不断增加，社会体育资源相对匮乏，许多运动项目发展水平缓慢的矛盾越来越明显。体育文化要实现高水平、全面、均衡的发展。因此，体育文化的资源供应和社会治理面临着空前的挑战。构建和谐、健康的体育文化，任务艰巨且路途遥远。

（二）发展理念及结构有待完善

我国体育文化目前正处在高速发展的初级阶段，存在着结构不合理、产业政策不完善、营销机制不健全、管理制度不完善等问题，发展的空间很大；在理论支持、法律保障、市场开发、品牌建设和管理服务等诸多方面都需要进一步提高和完善；面对外资企业资产不断膨胀和国内相关产业的激烈竞争，往往处于被动地位，发展结构失衡。体育文化、体育科技、体育教育等国际交往活动规模不大，对体育文化的影响有限；大众体育文化的国际交流尚处于初级阶段，参加的人数少、活动规模小；在国际运动组织的决策机构中，由于成员数量少、话语能力较弱，与我国应有的国际地位还有很大差距。随着社会经济的快速发展，体育文化建设有了新的发展空间，体育工作在新的历史发展中呈现出一片兴旺发达的景象。即使未来任重而道远，在新的历史发展契机下，我们将以更宽广的胸襟，迎接新时代的发展机遇与挑战。

三、国外体育文化发展现状

（一）完善的市场体系

在发达国家，体育产业是一种复杂的组织形式，它包含了与体育有关的物质产品和服务产品的生产与经营，体育市场是由体育消费决定的，而体育产业是由体育市场决定的。发达国家的体育产业链已经趋于完善，已然形成了一个完整的产业体系，包括核心产业、中介产业和外围产业。

（二）发达的体育竞赛表演业

竞赛演出是一种以特定时间和地点为顾客提供竞赛演出产品的主要服务，并附加一系列的辅助服务，能够最大限度地满足顾客在现场观看赛事的需要。

在英国，在 2001 年 8 月，一份由英超联赛和天空电视台签订的三个赛季的电视转播权合约价格猛增。在 2007—2010 赛季，电视转播费已经成为英超联赛运营的重要经济支柱。温布尔登公开赛是1877年创办的，它在创办之初就创造了数千万英镑的利润。

（三）成熟的大众体育健身娱乐业

法国的体育产业以健身娱乐业为主，法国的体育人口数量巨大，这是法国人民群众体育消费水平的重要保障。美国的住宅区通常会建立一个综合性的公园，其中包括运动场和儿童游乐场。同时，还特别建设了社区健身中心，为居民提供多样化的体育健身场所，来进行各种各样的体育活动。澳大利亚主要依靠各类社团和社会力量来开展各类休闲体育活动，通常情况下会在体育场或体育中心开展，包括技术辅导、组织群众进行体育活动、场地设施维护以及向社会集资等工作。

（四）健全的学校体育教育和竞赛体系

国外健全的学校体育教学系统，不仅有利于培养人终身体育的观念，而且为社会提供了大批的体育人才，同时也推动了大众体育的消费。学校体育在美国的整体运动体系中起着重要作用。美国有许多优秀的运动人才来自综合性学校，而非体育专业院校。美国大学生体育联合会（NCAA）是一个由1200多所大学、联盟和单项协会组成的组织，它每年都能培养出一大批杰出的运动员。就拿美国职业篮球联赛（NBA）来说，每年都会有优秀球员出自美国大学生体育联合会。

在英国，有相当高比例的学生参与课外体育运动。1到13年级的学生中，至少一半的人每周要上3个小时的体育课并同时参加其他体育活动。

（五）先进的高科技技术

新产品开发是体育产业的生命线，对体育产业的转型起到了重要的推动作用。首先，体育比赛观赏性的高低是决定体育行业成败的重要因素。其次，由于新技术的普及，传统体育行业发生了质变。生物、机械等高科技的介入，使运动器材和体育水平得到快速的发展。优良的体育器材不仅能改善运动品质，而且能有效地降低运动对人体的伤害。

（六）健全的法律法规体系

欧美的体育产业发展迅速，除了其良好的市场经济体制外，还与国家的政策支持有着千丝万缕的联系。西方国家以法律的形式来规范公司的经营和市场。

体育产业作为一种公共产品与私有产品的结合体，其公共物品的属性更为突出，必须兼顾商业、营利、公益、福利等方面，因而必须担负起对公共物品的管理与供应的职责。

（七）规范的体育传媒业

发达国家通过一整套完善的、系统化的、有效率的全球传播手段，以电视、杂志、报纸、网络等现代通信手段作为媒介，为让体育爱好者在了解这些体育节目象征的含义的同时，也能感受到体育的魅力。

体育传媒业不仅把优秀的运动节目带到了世界各地，还把自己的文化系统和价值观念带到了世界各地，并对整个运动行业的发展趋势产生了影响和融合。

（八）合理的竞赛联盟体制

“联盟体制”是根据现代企业制度规范而形成的经济合资企业，其目的在于通过垄断经营获得最大的利益，其特点是将经营权和所有权分开。美国橄榄球联盟、棒球大联盟、足球大联盟、篮球大联盟、全美冰球联盟，都在商业上创造了惊人的奇迹。美国职业联赛的运营收入主要来源于电视转播权、门票、场租（包厢、摊位租金、停车等）以及特许纪念品的销售，此外，还包括了联盟的衍生产品（如网络游戏、服装、玩具、食品、儿童用品，甚至餐饮和巴士），广告赞助等多项收入来源。

第三节　体育文化的分类

依据文化类型的划分原则，我们可以大致将体育文化划分为以下几种类型：

一、校园体育文化

校园体育文化是指在一定地域（指校园）内，人们在社会生活中所产生的体育精神财富与物质财富的总和。作为体育文化的一种亚文化，校园体育文化近几年来逐渐成为大众关注的一种热门文化。作为现代教育和体育的重要交汇点，校园体育文化是体育文化不可或缺的一部分，同时也是校园文化的重要表现形式。

这是一个学校在长期的教学活动中逐渐形成的一种文化现象，也是一种文化的历史沉淀。校园体育文化的开展直接关系到校园文化的实施，对高校的校风、学风的形成具有重要的促进作用，能够全面反映学校的体育事业和各方面的发展。因此，推进研究校园体育文化，加强建设校园体育文化，是当前学校教育工作的重点。校园体育文化是校园文化的一部分，校园体育文化是一种引导型的体育文化，它影响着学校中的群体关注和参与体育。其产生的原因主要是学校体育活动的实施情况、体育发展的硬件设施建设、竞赛水平、参与竞赛的人数、参与活动的积极性等。校园体育文化不仅体现了学校群体的凝聚力，同时表现了其对体育价值认同和取向的态度，还能综合体现学生参与体育活动、关注体育事业的心理特点和体育行为模式等多种因素。

从学校的体育文化角度看，校园体育文化形式是指学校的体育物质形式，包括场馆的存在、建设的质量和设备的数量；中层为学校内部的机构状态管理体系的建立、体系建设等；深层次的是校园里所有团体的体育运动意识。在校园体育文化的形成和发展中，体育的物质文化（场地设施）、制度文化等方面发挥着重要的作用，而深层的观念、形态和意识则是学校体育意识、教育教学过程中的引导、学生群体本身对体育感兴趣程度等。

二、休闲体育文化

休闲作为一种古老而又具有重大意义的社会性活动，是人类社会不可或缺的一部分。休闲是人类物质文明和精神文明的结晶，是一个国家生产力水平高低的标志，也是衡量社会文明的标尺。在人类数千年的文明发展历程中，被当作一种生活理念的休闲一直是思想家们最关心的问题。国内外多数学者都认为，休闲是指人们在自己的自由时间内，根据自己的喜好进行的选择，从而达到自己的目的，以此来修身养性，使得自身肉体和心理上达到双重和谐和愉悦。

随着社会文明的发展和进步，人们对休闲活动的重视程度也日益提高。休闲是现代社会中人类文化活动的一种重要形式，它是社会发展的一个标志，也是关系到人们生活品质的一个重要方面。休闲体育与休闲的产生、发展有着密切的联系。人们对休闲的理解可以从希腊亚里士多德那里得到，他把休闲视为“万物围绕的中心”，从而发展成了西方休闲文化的一种传统，这种传统在随后的百年时光里经过不断地研究最终形成了休闲学科体系。20 世纪 70 年代以前，人们对休闲的研究主要集中在“人的活动”上，这致使研究被限制于行为研究之中。直到 20 世纪 80 至 90 年代时，西方学者才开始对休闲意义的研究更加重视，再通过对行为与意义的综合分析，总结出了具有明显差异的休闲方式和模式。他们从整体上对休闲进行了全面的探讨，并取得了大量的成果，其中最具代表性的是来自美国的学者。

但长期以来，我们对休闲的看法存在误区，忽视了对休闲体育的研究。在我国，真正意义上的休闲研究出现在改革开放之后。

人们的生活离不开休闲，休闲作为一种重要的社会文化和经济动力源头，对人们的幸福、健康和个人的生命满意度有着重要的影响。随着社会的发展，人民的生活水平和生活质量也在持续提高。科学技术的迅速发展以及生产力的不断提高，人民的物质生活日益丰富；随着全球信息化时代的到来，快节奏的生活规律让人们的价值观和生活方式都在发生着巨大的改变。迅速提高的生产力使得人们的生活中的休闲时间增多。与此同时，随着科学技术的迅速发展，劳动者的体力劳动逐渐减少，可他们的精神压力却越来越大，这就使得他们在闲暇之余积极寻求一种可以调节自己心理压力的生活方式。在这种大环境下，体育作为一种社会、文化现象，其价值、作用日益受到重视。以娱乐、休息、放松为主要目的的体育运动，带有积极、自由的主观心态，逐渐走入人们的日常生活，并由此产生了休闲运动。

休闲体育研究是休闲研究不可或缺的重要方面。西方各国也十分重视休闲体育，并为此设立专门的科研机构，为从事休闲体育领域的人才进行组织和培训。现在美国、英国等西方国家的许多高校体育系都在更新，将休闲体育研究融入运动科研与人才的培养之中。在每年的体育科学协会的年度会议中，还特别设置了休闲体育的主题。在我国，人们一般将休闲体育称作闲暇体育，因为绝大多数人认为这是在闲暇时间进行的一项活动。另一些人则将闲暇体育视为一种思想。更有人将闲暇体育称作闲暇运动，或者是运动休闲。从整体上来看，人们对休闲体育的定义多种多样，将其与大众运动、社会运动相比较，但其内涵却是不相同的。

三、民族传统体育文化

作为我国传统文化中不可或缺的重要部分，民族传统体育项目具有鲜明的民族特色和地方特色。民族传统体育文化由于地理环境、地域位置、宗教信仰、社会制度等因素的不同，造就了不同的传统文化和民族个性，并由此形成了不同的特点和风格。民族传统体育具有现代体育的普遍性、历史性、传统性、民族性等社会特性，在其活动范围、起源方式、发生发展等方面都具有自己的特点，具有浓厚的民族文化色彩。

民族传统体育文化是指各个民族在其产生和发展过程中所创造的完整的体育文化，这些民族体育文化的时间限制在资本主义形成之前。可以说，民族传统体育是各民族在生产和劳动实践中所创造出来的一种与其自身活动方式相适应的娱乐形式。而民族传统体育文化则是以民族传统体育为载体，充分反映了各个民族的教育智慧与体育实践的实际技能。其文化内涵包括精神文化、行为制度文化、物质文化。精神文化是指民族传统体育文化的心理层面，即精神层面、观念层面；行为系统文化是指民族传统体育文化中的行为因素，即行为模式、制度规范水平；物质文化指的是民族传统体育文化中的物质成分，即物质层面，包含着民族体育文化特性的各类物质产物。

相应地，当民族发生变化时，民族传统体育文化也会随之改变。我国民族传统体育文化就是一个很好的例子，中华人民共和国是多民族的多元一体化国家，其包含的五十六个民族在漫长的历史发展中，在其特殊的自然、地理、经济、文化条件下，创造出了各具特色的优秀民族体育活动，并形成了以汉族为主的多元民族融合文化。在中华民族传统体育的形成发展过程中，深受中国传统文化的“安土地、尊祖宗、崇人伦、尚道德、重礼仪”的价值模式影响，使其具有鲜明的文化特征。将“天人合一”和“气一元论”作为哲学依据，基本模式为保健性、表演性，崇尚礼让、宽厚、和平为价值取向的体育形式，形成了中国体育文化在世界文化上的优越性与非理性。中华民族体育文化既有两晋、隋唐与宋代的辉煌发展，也有明清以后的举步维艰和缓慢发展，甚至近代彻底落后于世界体育发展。中国传统体育文化要想在体育全球化的大背景下维持自身发展，就必须要加强对它的研究，让它在新的时代里继续保持活力，如此才能拥有发展的空间。

四、竞技体育文化

竞技运动是一种以比赛为载体，展示人类身体素质、智力素质的文化运动，其在一定程度上映射着人类社会的竞争关系。竞技体育是体育活动的主体，也是体育文化发展的最高水平。近代各类竞技运动绝大部分源自西方的运动，最早起源于原始人狩猎、采集和种植农人休闲时的休闲娱乐，后来演变成了古代奥林匹克的祭祀竞赛。

古希腊奥林匹克运动会是一项具有重要文化内涵的竞技运动。古希腊是奥林匹克运动的发源地，其独特的政治、文化环境以及特殊的地理条件，是其诞生与发展的物质和意识形态的基础。希腊的商品经济发展速度很快，人们的社会生活也变得丰富多彩起来，奥林匹克运动就是其中之一。希腊开放的海洋地理环境造就了他们的外向和积极的个性。这种充满自由竞争精神的文化性格，蕴涵着激励人们参与各类竞赛的精神。农奴制度下的民主政治为竞技运动的生存和发展提供了有利的思想条件，其中平等民主的思想在竞技体育发展中起到了不容忽视的作用。希腊的城邦制度强调武力与人力的发展，而城邦间的频繁交战，也使得民众渴求和平，希望能以和平的形式来代替残酷的战争。宗教促进了奥林匹克运动的产生，对神灵的膜拜是一种重要的仪式，希腊人通过运动比赛向神灵祈祷，以此来祈求幸福。

近现代竞技体育起源于欧洲的资本主义市场经济，英国户外运动是它的前身。随着市场经济的发展，人们的竞争意识和行为也相应地发生了变化，这种价值和活动的特性被转移到体育运动中，从而促进了现代竞技运动的发展，并在市场经济条件下逐步走向成熟和完善。

现代奥林匹克运动是体育竞技文化发展的结晶，对竞技体育事业的发展起到了积极的促进作用。奥林匹克运动使竞技体育得到普及，也使一种新的体育理念得以传播。把体育运动看作一种生活方式，是一种文化的继承和发展，奥林匹克运动以一种直观的形象和大规模的方式，将它深深地印在每一个人的心里。另外，奥林匹克运动使人们进一步认识到了现代体育教育的价值，使人们意识到体育运动可以加强人类的拼搏精神、培养人类追求真善美、促进平等团结、加深友谊等。严格意义上来讲，奥林匹克运动在很多方面已经超越了体育本身，形成了一种社会文化活动。对于反对种族歧视的斗争和妇女体育的提倡，对于现代经济、文化和科技的发展都具有巨大的推动作用，丰富和深化了人们对于现代体育的政治、经济、社会功能和体育在维护人类尊严与正义方面作用的认识。

第二章　校园体育文化的内涵与创新建设

本章主要介绍校园体育文化的内涵与创新建设，主要从三个方面进行阐述，分别是校园体育文化基础知识、校园体育文化的发展简析以及校园体育文化的创新建设。

第一节　校园体育文化基础知识

一、校园体育文化的定义

校园体育文化在校园文化中占有重要地位，它是学生在接受身体锻炼和体育活动过程中所形成的，是校园体育运动为主并具有校园精神的文化。高校校园体育文化作为高校校园群体参与运动所形成的文化，有如下特点：是群体文化，是以身体练习为主、各种锻炼项目为辅，主体是高校校园的师生和员工，其目的在于达到体育教学目标，有助于学生终身体育意识和优良体育精神的培养。所以大学校园体育文化就是指在校园这一特定的环境建设中，依据学校体育及体育教育课程的培养目标，使得师生共同参与，以不同的项目来对身体进行练习，并具有一定的群体文化。

校园体育文化以学生和教师为主，旨在促进学生、教师和职工身心的全面发展，通过身体锻炼，开展各种运动项目的活动和比赛来传授体育知识，满足学生、教师、员工的健康需求和精神需求，开发学生潜能、改善学生智能结构、拓展学生综合素质的物质成果和精神成果的总和。

校园体育文化既是学校文化的重要组成部分，也是体育文化的重要内容。具体而言，校园体育文化包括以下四个方面的含义：

第一，校园体育文化区别于企业文化、家庭文化、社区文化等，它是一种独特的学校文化现象。校园体育文化就是由学校文化与体育文化两大文化体系相互作用而形成的跨文化体系——它与其他文化最明显的区别是学校环境的特殊性和参加主体（教师、学生、员工）的特定性。校园体育文化就是发生于校园内部的体育文化以及特殊群体中的一种文化，具有环境的特殊性和参加主体的特定性，这是其特殊性和特定性的核心所在。校园体育文化在作为社会文化向学校内部折射的同时，校园体育文化还是学校历史传统积累，本质上属于区域文化，属于社会文化中的亚文化，从内容到系统都有它独立的形态与结构。

第二，校园体育文化不仅是体育文化整体中不可分割的一部分，也是学校文化最主要的载体。校园体育文化以体育物质文化与体育精神文化为组成元素，它通过学校体育氛围、学校体育环境、体育制度规范、学校体育活动、大多数人共同遵守的法规以及学校体育制度等因素，对学生施加影响，从而促进学生身心全面发展。校园体育文化反映了学校广大师生的生命观、健康观、人生观、健身目标、健身理念以及行为准则，既是一种有着深刻内涵和外延的文化，也是一个拥有多文化层和系统开放的文化形态，不仅有着严密的科学方法和完善的组织结构，而且还蕴藏着丰厚的人文资源。

第三，校园体育文化以价值观为中心，教师与学生的价值取向决定着校园体育的特点与作用，也决定着校园体育的走向，这将成为学校整体教育文化的主要内容与核心。校园体育文化本质上体现的是教师、学生、员工的体育价值观，必将有力地引导所有教师、学生和职工的行为，并在学校中形成浓厚的气氛，造就学校特有的体育文化品质和体育传统，进而形成该学校区别于其他学校的一个特征。优良的校园体育文化品质、精神和体育传统作为学校潜在的发展动力，对人来说无疑是极大的鼓舞，它促使人奋发进取，克服困难，勇于创新，尤其是当学校遭遇困难或者挫折的时候，它更能给予人信仰上的支持，使之成为人追求理想和发展的动力源泉，具有无形的凝聚力和感召力。在这种品质、精神、传统的熏陶下，生活在同一所学校的人彼此之间会产生强烈的认同感、责任感和荣誉感。

第四，校园体育文化所承载的价值观活动形态和物质形态主要是指教师和学生的活动方式及与之密切相关的生活方式等，是校园体育文化在校园体育中的一种具体表现。校园体育文化同学校德育、智育和美育共同组成学校文化群体，其价值取向、目的都与学校文化所依托的价值体系、目的相统一，其落脚点都在于培养人、造就人。校园体育文化也是民族体育文化的体现，而学生所学习与从事的以民族传统体育为内容的各种活动，同样使民族体育文化得以承载与传承。从一定意义上讲，学校不仅是文化的受益者，也是它的创造者，学生在特定文化形成的精神氛围、特质与环境在潜移默化的作用中成为社会群体中的一员、民族大家庭中的一员。

学生通过自身的行为和行动来参与文化的创造和传播，其对校园体育文化的认同感可以体现在参加各种体育文化竞赛的过程中。比如在校运动会上，同学们对于学校、班级的归属感，就会转变成一种责任与荣誉，以顽强拼搏的精神来追求好成绩。

二、校园体育文化的内涵

校园体育文化的发展，是在不断地提炼和创新中所形成的具有鲜明的校园特色的体育文化，它能够充分地反映出学生的行为、思想和价值观，是一种比较完整的精神文化，它是指学生在特殊情况下所表现出的一种体育精神，或作为一种重要的体育思想。良好的校园运动文化能够在不同的体育活动中起到一定的激励作用，使学生的意志品质得到进一步的提高，从而形成良好的心理素质。高校体育文化作为一种深层次的精神文化，能够深刻地改变和潜移默化地影响着大学生的行为和价值观。防止学生出现不良行为，纠正学生的思想和观念，是一种极为特殊的文化魅力。高校体育文化作为助推体育发展的内生动力，有利于培养学生的体育精神和体育意识，提高体育文化素养，养成终身参与体育运动的习惯。

校园体育文化具有学校与体育双重内涵，应根据校园的具体情况来认识其背后的文化背景与本质。学校的体育文化是体育教学的先决条件，是体现学校文明程度、品牌形象、师资力量的重要标志。同时，体育文化也是学校体育事业的一种，它坚持以学生为本的教育理念。而作为指导者的老师，这样的教学理念能够突出学校集体文化教学的本质。校园体育文化是高校人才培养计划、人才培养标准、道德规范、管理手段、校园生活形式、文化氛围等方面的重要内容。

校园体育文化是由体育文化、校园文化和社会文化组成的，这些各不相同的文化之间相互影响和作用形成了具有深刻内涵的校园体育文化。校园体育文化是学生在校园体育活动中所形成的具有高等教育特色的物质、精神文化。校园体育文化是体育教学的核心内容，有利于培养大学生正确的体育价值观。校园体育课程教学是体育文化传播的主要途径，通过有效的教学方法，体育文化很快会被传播到校园的每一个角落。在体育课中，学生能学到一定的体育技能，感受到体育运动过程中的乐趣，在体育实践课程中亲身领悟体育文化的意义和功能，掌握各种运动规律和运动知识，并熟练地应用于实践。校园积极开展运动会等体育赛事活动，一方面可以促进学生的健康成长，另一方面可以让大学生在各种体育活动中感受体育运动的乐趣，陶冶情操，领悟体育精神，提升整体素养，传播体育文化。

三、校园体育文化的结构

校园体育文化的组织结构指的是校园体育文化体系能够在不断发展的过程中始终保持完整，发挥着巨大作用的内在基础。与此同时，校园体育文化的特征也因此决定校园体育文化具有三个基本层次：

第一个层次是体育物质文化层面。校园体育物质文化是校园体育活动的重要组成部分。体育物质文化由体育设施、体育器材、体育宣传用品等构成，是人参与开展体育活动的物质保障。

第二个层次是体育体制文化层面。它是对学校体育活动进行规范的各项规章制度。校园体育体制文化是高校体育活动得以顺利开展的保障。它在一定程度上是要求学生参加学校体育活动的。

第三个层次是体育心理文化层面。它在高校体育文化中扮演着重要的角色。体育精神文化包括思维方式、价值观念、审美趣味等方面的内容。在这三个方面，体育价值观对校园体育文化发展有着巨大影响，因此，体育心理文化是高校体育教学的重要组成部分。

四、校园体育文化的特征

校园体育文化是校园体育与学校文化相结合而产生的一种新型文化，它在一定程度上要受到学校和体育的双重影响。以下几个方面论述了校园体育文化的特点：

（一）客观性和主观性

文化是人创造的，人是有意识的动物，但是人创造文化的原动力却不是人的主观意识，而是人的客观需要。反之，一个人接受某一特定的文化的影响是一种客观的、非人为的，不管是有意识的还是无意识的，都会被某种文化所影响。校园体育文化作为一种亚文化，同样具备这一客观性质。

学校是人类传播文明和培养人才的特殊场所，学校里所有活动都是有目标的，这使得校园体育文化的自觉成分大为增强，形成了一种相对独立的文化体系。也就是说，在某种程度上，可以根据学校的意愿来构建和选择其影响力的文化体系。正因为如此，大学体育文化才能在很大程度上得到控制，人们可以通过舆论宣传、营造氛围、积极引导、奖励机制、纪律约束、教育灌输等方式来控制校园体育文化。因而，大学校园体育文化是一种主观的文化，其主观性特征非常明显。

校园体育文化的客观性和主观性特征说明，校园体育文化作为一种文化现象，其存在并非由人的意愿所决定。同时，学生也并不是校园体育文化消极的适应者，而是其活动的参与者、享用者。因此，高校在开展体育锻炼的过程中，既要营造良好的校园体育环境，又要注重学生的身体、个性和人格的健康。

（二）系统性和人文性

高校校园体育文化是一种综合、全面的概念，它并非单纯的组合，而是一种以多种形式内容和功能组合而形成的独特、复杂的社会文化体系。它包罗了学校体育思想、观念，是社会大文化系统在学校中的折射和反映，全体教师、学生、员工都会被这种文化气氛所感染，而且这种影响效应是全方位的、全面的，因而形成了丰富多彩的校园生活，在潜移默化中对学生和老师产生影响。所以说，校园运动文化是一种系统化的运动文化。

身体活动是校园体育文化中最显著的一种表现形式。校园体育文化中的身体运动，不仅体现了人类的自然生物学特性，而且体现了其鲜明的人文精神。人的肢体语言是人类最原始的文化思想、情感交流工具，其丰富的内涵充分体现了人类的创造力。校园体育文化中的肢体语言可以使人的本能得到理性表达。校园体育的文化属性与学校的文化属性之间存在着紧密的互动关系，这是由于校园体育文化把人的本能或功利性的生理活动引导到人的发展，它不仅把体能的运动融入了学校的精神和文化之中，还把它作为一种永久的任务。可以说，校园体育文化自始至终体现着一种人文精神，蕴涵着一种人文目标，昭示着一种人文价值理念，自然具有人文性的特征。

（三）时代性和长效性

任何一种文化都是时代的产物，它在某种程度上反映了这个时代的本质，并不断地伴随着时代前进而对自身形态进行演变。空间和时间环境是学校赖以生存和发展的关键因素。从学校体育文化的形成与发展来看，高校校园体育文化的内容和形式是由特定时期的政治、经济、教育、社会结构、文化风尚等多种因素所决定的，因此时代特征的影响绝对不容忽视。

校园体育文化在学生中的影响和作用是持久的，人才的培养也是一种长期有效的，这直接关系到被培养的人在进入社会以后的发展。良好的校园运动环境中成长起来的青少年在步入社会以后，能够不断地加强自身的优良素质，即使是在不同的文化环境中，他们也不会异化。相反，学生会加强自身所养成的优良品质和行为习惯，从而影响其一生。从这一点可以看出，高校校园体育文化具有长效性的特点。

（四）延续性和继承性

校园体育文化与其他亚文化相同，是一种具有历史连续性的文化，它能成为一种传统或一种风尚。学校体育传统或风尚是指一所学校在体育活动中所形成的具有普遍性、重复性和相对稳定性的一种集体社会风尚。它是一种由教师、学生、员工共同创造的校园文化，是学校风气的一个重要组成部分。作为一种社会和文化现象，传统与风尚是不同的，同时也是相互关联的。传统多指的是纵向传承，而风尚则多指横向的传承。某种风尚的延续，会慢慢地成为一种传统。大学体育教育是一种可持续的运动，其发展的好坏，取决于学校的体育传统与习惯。我们要知道，大学校园体育文化绝非一朝一夕之功，而是要经过长期的积淀，以及人们的不懈努力。

（五）闭合性和广泛性

从组织的角度来看，学校是一个由许多小团体组成的大机构。学校组织架构和组织单元的高度集中，使得学校的体育文化呈现出一种新的特征，即学校的体育教育在内容上更加开放，在形式上更加闭合，由此构成了学校的体育文化圈，例如学校的系、专业、年级、班级及专门的运动社团等。长期的学习、工作、管理等活动，必然会形成相对封闭的校园运动文化，形成相对独立的集体、相对固定的团体和相对有针对性的活动。由此可以得出，大学校园体育文化呈现出一种闭合式的组织结构。

校园体育文化活动众多，不仅有学生自发组织的活动，同时还有正规举办的竞赛，且囊括了娱乐性质和经济性质的所有运动项目，无所不包。体育的活动空间非常广阔，从环境幽雅的学校到校外广阔的空间，从拥挤狭窄的寝室、走廊到宽广的操场，供学生进行体育运动的场地随处可见，学生也因此可以在各个场地进行体育活动。校园体育文化具有活动内容、活动空间广泛性的特征。

（六）竞争性和共享性

竞技是体育的灵魂，是学校体育的核心内容，也是学校体育文化中最重要的一环。如果没有竞争存在，那么这个世界也不会存在任何发展。当代体育处在一个不断革新与转型的时代，其特点就是竞争。学校运动是竞争激烈的地方，是培养学生公开、公平、公正的竞争精神的最佳场所，而学校体育竞赛可以对学生竞争意识的培养起到很好的促进作用，使他们学会遵守规则、尊重裁判，并能磨炼意志，增强自信心。因此，校园体育文化中必然要具备竞争性的特征。

此外，校园体育文化还具有资源共享的特征。21 世纪是高科技和信息化的时代，互联网具有丰富的表现力以及交互性强、共享性好、知识信息量大等特点，已经成为人们生活和工作不可或缺的一部分。借助网络技术，全球任何角落的人都可以及时获得各种体育信息，从而为校园体育文化的共享拓宽路径。同时，学校的体育设备、设施也可以为社会提供服务。例如，2008 年北京奥运会部分场馆就建设在高校，实现了学校与社会的体育资源共享，也使校园体育文化跨出了校门，社会体育文化融入了学校。

（七）隐蔽性和持久性

校园体育文化以体育实践为载体，通过建造丰富多彩的体育场馆和建筑，创造发明各种有利于锻炼身体的器材和方法，同时利用各种各样的渠道进行体育宣传，加强教师、学生、员工的体育意识、体育情操、体育意志力的培养，使体育精神、体育道德意识、体育道德风尚等成为个体素质的重要组成部分。最终让他们形成有利于自身发展和社会进步的体育价值观，实现学校的育人目标。在教育方面，不同于其他文化通过教学、观察、感悟来实现对人的教化，以视觉、听觉和大脑中枢神经系统的运作来实现知识的传递和能力的培养，校园体育文化主要通过身体运动，动觉和小脑的参与来促进技能的提高和身心的协调。这种方式不太注重大量信息的摄入，更在于自身机能的自动化训练和培养，外界的影响因素较少，自身的参与因素较多，是较其他文化育人形式更隐蔽的一种方式。因此，校园体育文化具有隐蔽性的特征。

文化本身是智慧生物在长期的生存和发展中积淀起来的财富，具有延续性、持久性的特征。文化育人是一项漫长而持久的、有目的、有组织、有计划的社会活动，是贯穿于个体终身的一项活动，育人的效果是终身的、不可逆的。校园文化对人的影响几乎是终身的，几乎每一个学生都会对学校的标志性人物、事件、建筑等留下终生的记忆，这就是校园文化影响的持久性。校园体育文化作为社会文化和校园文化的分支，理所当然地具有同样的特征，即传承性、延续性和持久性。具体来说，大学校园体育文化的目标是培养学生的能力，并促进其养成良好的行为习惯。学生掌握的技能或形成的习惯均是在长期的训练中获得的，通过神经记忆，以自动化反应的方式内化于心，或以身体组织的形态变化外化于行。由此可见，校园体育文化对学校教师、学生、员工精神意识的渗透、行为习惯的养成和身心状态的改变影响深刻而持久。

（八）多样性和灵活性

校园体育文化活动的形式多种多样，方法灵活多变，有早操、课间操、课余体育锻炼、运动队训练及家庭体育活动等。可以是个人活动、小组活动、班级活动，也可以是年级活动、全校活动，还可以是兴趣小组、各种学生社团、俱乐部等组织形式开展的体育活动。在学校体育活动中，学生活动的主体性和教师指导的辅助性得到了充分体现。

校园体育文化具有活动方法灵活性的特征，表现在除了学生必须参加的早操、课间操等体育活动之外，学生还可以自愿参与趣味性强、自主性强的课外体育活动，如同学间轻松愉悦的趣味竞赛、自主松散的远足、充满乐趣的体育活动等。

（九）民族性和教育性

中国是一个多民族和谐统一的国家，诸多民族体育文化构成了中国传统体育丰富多彩的形式和内容，如摔跤、骑射等极富民族、地域特色的传统体育项目。学校体育教学可以推广民族传统运动项目，增强学生的民族团结意识，有利于不同民族文化之间的交流和传播，由此可见，校园体育文化具有民族性。

校园里所有的教育活动都是以人为本，校园体育文化活动是校园体育的一个重要内容，肩负着培养人才的责任。校园体育文化不仅在提高学生身体素质、增进健康方面有独特的作用，而且在培养学生树立崇高理想、坚韧不拔的意志品质、拼搏进取的精神、良好的道德品质、敏锐的思维和创造能力等方面都有显著作用。学生观看、欣赏、参与体育活动的过程也是受教育的过程，是学生从其他文化活动中难以感受到的。另外，校园体育文化活动也是培养爱国主义、集体主义、社会主义教育的重要途径，对社会主义精神文明的建设起到了积极的促进作用。校园体育文化是一种具有教育性的文化。

五、校园体育文化的作用

校园体育文化的功能主要是通过体育锻炼和运动来实现。校园体育文化具有以下几方面的作用：

（一）文化功能

校园体育文化是学校在长期的教学实践中逐渐形成的一种社会文化，它是由老师和学生的直接参与和精心培育而形成的。它对于改善学生智力结构，强化学校与社会交往，传承和借鉴人类社会文化，培养学生的主动性、创造性，深化教育改革等方面都有着独特的意义。校园体育文化生活可以说是一个巨大的精神文化场所。校园运动文化的丰富，可以创造良好的教学环境，增加学校的生机，让校园生活更加丰富多彩，从而有效地改善学生的生活品质。

（二）育人功能

校园体育文化具有多重功能，这些功能主要贯穿在学校的整个育人过程中，对于培养学生德、智、体、美、劳全面发展至关重要。具体来说，校园体育文化的育人功能主要体现在以下几个方面：

1. 促进学生身心发展

（1）促进学生体质健康

提高学生的身体素质和健康水平是校园体育文化所具有的独特功能，也是校园体育文化的重要组成部分。校园体育文化对发育中的青少年学生最直接和最显著的影响表现在两个方面：一是在身体形态和机能的变化上。校园体育文化活动可以促进学生身体的生长发育，使学生的体格得到改善，体质得以增强，身体各器官得以协调发展，机能水平得到提高。二是在行为和意识的变化上。学生通过长期的运动参与和实践体验，可以促进自身新陈代谢，保持旺盛的生命活力，还可以通过体育实践活动了解自己的身体，认识自我，认识到健康对于人的重要性，逐步养成健康的行为习惯和生活方式，同时增强自我保健意识，掌握科学锻炼的方法。

（2）开发学生智能潜力

智能是指能集中精力保持情绪稳定以从事艰难、复杂、敏捷和创造性活动的一种能力。智能的基础是智力，而体育文化活动本质上是一种有益于智力发展的活动。学生正处在智力发展的高峰阶段，校园体育文化活动对学生智力发展有着举足轻重的作用。有研究表明，经常参与体育锻炼活动，能改善大脑的物质结构和机能状况。同样，学生积极参与各种类型的校园体育文化活动，能消除大脑的疲劳，使头脑清醒，精神焕发，从而提高学习效率；可以提高感知力、思维能力，丰富想象力，增强记忆力，为智力开发创造良好的生理条件和环境条件。

（3）塑造学生健全人格

健全人格是一种具有普遍社会认同的、良好的、全面的做人品质，它是一种理想的社会人格形态，是一个人的各方面的综合，包括智慧、能力、气质、风度、品格、心理和思想。健全人格既被社会所认同，又有明显的个人特征，它不仅是人生的根本取向与准则，更是个体生命独立、自主理性的生存之道，帮助个人与社会发生交融。

校园体育文化是大学生社会化的一种文化因素，它与其所处文化环境中的生活成员有着紧密的关系。学生是校园体育文化的主体，而校园体育文化则是客体，它在任何时候都可以起到显性或隐性的作用。有目的、有组织的运动文化，能让学生在不同的活动中情感和谐、人际交往融洽，可以同时满足学生的生理需求和心理需求。同时，校园体育文化的道德规范、规则、制度、体育观念、体育风尚、体育精神、体育意识等都会时时刻刻影响着学生，让他们的内在精神和外在环境融为一体，让他们积极的精神、乐观的态度、真诚的性格成为他们的行为习惯，将其融入他们的生活和学习中，在不知不觉中培养他们的人格，增强他们的社会适应性，为他们步入社会的持续发展打下坚实的基础。

2. 调节和疏导心理功能

首先，校园体育文化可以调节学生的心理，使学生朝气蓬勃，充满活力。学生经常参与校园体育文化活动和学校体育锻炼活动，特别是参加那些自己感兴趣且擅长的运动项目，不仅可以促进身体健康，还可以增强自尊、自信和自豪感，增添生活的情趣。在和谐、平等、友好的运动环境中，在互相评估、自我评估中，学生会感受到友情、赞美、批评、激励，从而形成一系列复杂的情绪体验。

其次，校园体育文化对学生具有心理疏导功能。学生正处于受教育和长身体的关键时期，担负着繁重的学习任务。生活中优胜劣汰的竞争机制使学生学习任务和负担日趋繁重，有一部分学生产生了厌学情绪和逆反心理，加上外界不良信息侵袭，致使部分学生的心理和行为处于亚健康状态，精神压力大，经常处在焦虑、压抑、狂躁的情绪之中。无论何种原因造成的这种现象，都需要有一种合适的排遣方式，以利于学生调适心理，进而恢复健康的心理状态。对此，校园体育文化活动以其固有的竞争性、刺激性、娱乐性和欢快性，可以丰富学生的精神生活，能够使学生在紧张的学习之余体验到激励的情绪，感到心情愉悦、精力旺盛、情绪高涨；能消除学生心理上和情绪上的干扰和摩擦，协调人际关系，满足学生各种正当的、合理的体育文化活动需要，充分发挥心理引导作用。这样一来，学生的个性心理品质、行为规范等，在渗透着优秀的校园体育文化的氛围中，可以得到进一步提高。

总之，学生参加学校体育文化活动的整个过程就是一个不断地面临挫折、战胜困境、增强耐力和抗挫折能力的过程。在不断超越昨天、超越自我的过程中，他们可以体会到进步、成功的快乐，并学会自我反省，养成对自己客观评价的习惯，形成积极乐观的生活态度。参加体育文化活动不仅是为了追求健康，更是为了提高生活质量，实现自我完善。

从某种意义上说，校园体育文化活动是促进学生心理健康的重要手段。

3. 审美功能

体育本身就是一种健与美相统一的活动。体育锻炼能使人体魄健壮、体形匀称、动作矫健，这既是健康的标志，又是人体美的体现。校园体育文化活动会针对青少年身心发育的特征制定设计相应的活动内容和活动形式，帮助学生塑造体形美、动作美、仪表美、姿态美、心灵美，帮助学生树立正确的审美观，提高学生发现美、感受美、鉴赏美、表现美、创造美的能力。

校园体育文化中包含了多种美的表现，无时无刻不对学生进行着美的教育、美的体验。例如，健美操、体育舞蹈将健壮、力量、节奏高度统一，配合以优美的旋律，将运动的美、韵律的美、节奏的美、活力的美、健康的美表现得淋漓尽致。再如，学校运动会上，水平不一的长跑队员坚持不懈地完成比赛，动作虽然没有太多美感，但顽强的意志品质赢得全场学生为之加油呐喊，这种拼搏的精神具有强烈的感召力，是意志美、品质美的表现。

4. 导向功能

当今社会一些消极、悲观、颓废心理状态极易弥漫到校园，而学生的身心均处于未成熟的状态，可塑性较强，社会化程度不高，极易受到外来因素的影响和干扰，因而学校亟须积极文化的激励、正确文化的引导。校园体育文化中积极进取、公平竞争、团结协作的精神正是引导学生树立正确的世界观、人生观、价值观，是坚定理想信念的一剂良方。校园体育活动中凝练出来的爱国爱家、尽职尽责、尽心尽力等精神文化，能够培养教师、学生、员工的爱国精神、孝心、爱心、事业心、责任感和拼搏进取精神，为他们担负家庭和社会责任鼓气，为他们实现梦想加油，为他们的人生方向导向。同时，校园体育文化积极进取的价值观、注重参与的世界观以及和谐身心的健身观能将教师、学生、员工从低俗庸俗、审丑媚世的生活情趣引导到积极进取、乐观向上、奋发有为的精神状态上来，引导到健康文明的情怀上来。

5. 娱乐功能

娱乐活动是人们在相对闲散的时间内自由、自愿进行的使人身心愉悦的活动。在校园体育文化活动中，属于体育娱乐形式的活动方式占有相当大的比例。鉴于学生的特殊属性，校园体育文化对学生所具有的娱乐功能是其他文化娱乐形式所不能替代的。

校园体育文化的娱乐功能通常以两种基本途径来实现。一是参与，即学生投身于校园体育文化活动之中，切身感受、体验这一活动形式所带来的乐趣。二是观赏，即通过观看校园体育文化竞赛活动、表演活动，欣赏力与美、技术与战术、身体与智能完美结合的运动动作、比赛画面、精妙配合、博弈策略，体会和谐的旋律、激烈的场景、胜利的喜悦。

（三）社会功能

校园体育文化的社会功能是通过体育活动，对社会文化和民族精神的发展起到直接或间接的推动作用。

1. 增强学生的社会意识

体育对竞赛秩序的维持，增强了参与者的规则意识。规则意识是一种界限意识，它体现了维护秩序的权威和价值，界定了主体行为的阈界和限度，是社会个体和社会组织关于自身行为的“度”的意识，体现的是人们权利与义务的一致。校园体育文化活动本身就是社会的缩影，具有完善的规则、完备的制度，学生在参与活动的过程中对活动规则的遵守，会增强其今后步入社会中遵守社会规范、遵守法律的意识，从而增强社会的稳定性，切实促进社会的和谐发展。

社会是一个有机整体，其发展不仅仅需要竞争，更需要合作。校园体育活动对于成绩和名次的鼓励，可以强化学生的竞争意识。比赛的顺利进行离不开队友间的合作与配合，离不开观众的加油呐喊，这又进一步增强了学生的合作意识，特别是一些集体项目活动，这种合作更显得尤为重要。所以说，校园体育文化活动对于竞争、合作的鼓励和追求，可以增强活动主体现实生活中的竞争和协作意识。

此外，任何活动都具有一定的道德指向和道德目标。校园体育活动对于公正、正直、包容、积极向上等优良品质的追求，不仅仅影响到参与活动的队员、裁判员、管理人员，更能进一步反映社会的方方面面，逐步成为整个社会的价值追求，促进社会的和谐进步。

2. 促进学生的社会化

人的社会化有广义和狭义之分，狭义的社会化是指个体从“生物人”转变为“社会人”的过程；广义的社会化既包括个体从“生物人”转变为“社会人”的过程，又包括个体内化社会价值标准、学习角色技能、适应社会生活的过程。这里主要分析校园体育文化在狭义的社会化中的作用。人的社会化过程是在家庭、学校、社区等场合，通过家长、兄弟姐妹、教师、伙伴等，借助社会习俗、民族习惯、宗教传统、宣传等社会文化力量，进行社会学习的过程。在这一过程中，人要掌握适应社会生活所必需的知识、技能，培养遵守社会生活准则的习惯，学会按社会允许的生活方式生活，养成社会所需要的个性特征。在人的整个社会化过程中，校园体育文化起着非常重要的作用，无论是作为内容还是作为手段，都是不可或缺的。

由医护人员给初生婴儿做的被动体操，可以说是人出生后进行的最初的体育活动。对于儿童来说，带有游戏成分的简单活动是他们生活中的主要活动内容。儿童在游戏过程中可以学会走、跑、跳、攀登、爬越、搬运等最基本的生活技能，此时儿童在游戏中通过“假装”和“拟成人”的各种活动，模仿各种社会角色的动作和行为，已经是社会化的表现。

社会向个体传授的人类文化的优秀遗产——科学文化知识中，有关健康和体育文化的知识是最为关键的一部分。这些知识是个体形成健康生活方式的基础，有必要在童年时期就使个体懂得怎样才是健康的生活，通过这些知识的传授，不断激发个体的精神需要，培养个体享受人类文化财富的能力。校园体育文化活动是一个社会互动的场所。在校园体育运动中，尤其是在对抗性比赛中，个人与集体之间经常发生思想与行为的冲突，有时也会使参与者的道德观念受到严峻的考验，例如，当一个人的长跑达到“身体承受极限”时，是继续前进，还是中途放弃？在对手犯规的时候，他会不会“以牙还牙”？当团队合作不到位而输掉比赛时，他们是互相鼓励，还是互相埋怨？裁判在判断失误时，是否会“斤斤计较”？赢了这场比赛，是谦虚呢，还是狂妄呢？个人在经历了这些经历和考验后，会形成集体意识，并养成良好的人际交往能力。

总的来说，培养社会角色是社会化过程的最终结果，社会化过程就是角色学习过程，角色学习又必须以掌握基本生活技能和某些专门技能为基础。校园体育文化活动的基本手段是身体练习，活动中的运动动作是在劳动动作、生活动作等动作基础上发展起来的，它们源于生活又高于生活，丰富多彩的活动能使学生受益终身。因此，校园体育文化活动是学生获得基本生活技能的重要途径，为学生提供了角色体验的机会和场所。

3. 激励社会情感

校园体育文化具有激励学生社会情感的功能，主要是指具有激发学生积极向上的社会心理的作用。

校园体育文化活动把学生置于一个良好的心理氛围与和谐的人际关系环境之中，使他们获得精神上的需求与满足，同时也为学生设置了创造的空间，提供了活动的背景与使用场馆、设施、器材的机会，使学生的活动兴趣得以满足，最大限度地提高了学生的参与热情。

高校体育文化的激励作用是通过激发学生的积极性和主动性来实现的。校园体育文化活动以其固有的竞争性、趣味性，激发师生奋发进取，有效地缓解心理压力。学生间、师生间因学习和生活中偶尔会有感情沟通造成的情感纽带的脆化、弱化现象，参与校园体育文化活动，大家齐心协力，形成一个团结的集体，有利于相互沟通，可以有效化解学习和生活中产生的隔阂、孤独和无助等不良情绪，进而增强集体凝聚力，强化学生间、师生间的情感互助。

此外，校园体育文化活动还能够增强学生的事业心和责任感，激励学生保持高昂的情绪和进取精神。

4. 凝聚功能

校园体育文化活动像一条无形的纽带，把学生与校园体育文化活动紧密联系在一起，使学生对校园体育文化活动的目标、制度和准则产生认同感，整合学生作为学校一员的使命感、自豪感和归属感，进而凝聚成强烈的向心力、凝聚力和群体意识。

校园体育文化活动的许多项目都要求参与者共同配合与协作，长期的风雨同舟使队员们可以相互理解与相互帮助，加深友谊，可以树立以集体利益为重的大局观，可以形成热爱集体、关心集体、服从集体、维护集体的意识。各种校园体育文化活动的开展加深了学生间的感情，增强了集体荣誉感，增强了团体的凝聚力。

总而言之，校园体育文化是一种以团体为基础的团体文化，并通过对个人的影响，促使个人将集体的行为习惯内化为自身的要求，从而形成社会认同感、团队意识等社会观念和行为模式。

5. 社会经济功能

随着市场经济的发展，校园体育文化的经济功能越来越显示出它的影响力，并发挥着越来越大的作用，具体体现在两个方面。

第一，发挥校园体育文化的固有作用。体育文化活动的场馆、设施、仪器设备除了满足日常的教学、活动需求以外，还可以向社会开放，承办各种国内外体育比赛，接纳歌舞、戏曲表演，举行体育文化宣传活动，以提高场馆的利用率。这样一来，学校体育设施既能发挥固有功能，又能创造经济价值。

第二，发挥校园体育文化的高级作用。体育教师可以发挥自身的专业和运动技术特长，在校内外举办或联办各种类型的培训班（如健美操、武术、气功、拳击、散打等培训班）、校内外体育文化活动、卫生知识讲座和咨询等。

这样一来，不仅能提高学校师生、员工自身的社会价值，达到资源共享，还能带来一定的经济效益和社会效益。

6. 构建和谐社会的功能

构建社会主义和谐社会是中国特色社会主义的本质属性，是国家富强、民族振兴、人民幸福的重要保证。构建社会主义和谐社会，是用科学发展观从中国特色社会主义事业总体布局出发所提出的重大战略任务，它反映了建设富强、民主、文明、和谐的社会主义现代化国家的内在要求，体现了全党、全国各族人民的共同愿望。

和谐文化不仅是构建社会主义和谐社会的基础，也是全国人民团结奋斗的思想道德基础。校园体育文化是学校文化的重要组成部分，校园体育文化活动的开展对于社会和谐发展具有不可替代的独特功能和作用，是和谐社会、学校建设中不可或缺的一部分。不仅如此，作为和谐社会的基础，和谐学校的建设要率先进行。此外，学校是人才培养基地，和谐学校可以为社会各行业培养具有和谐精神的人才，促进社会各行业的和谐；学校是人才聚集之地，和谐学校可以产生示范诱导作用，促进整个社会的和谐。

总而言之，推动物质文明、精神文明和政治文明的全面协调可持续发展是构建社会主义和谐社会的必经之路。而校园体育文化对促进人自身的身心和谐，人与人之间关系的和谐，人与自然、人与社会的和谐有着深远影响，对提高民族素质、振奋民族精神、增强社会凝聚力、促进社会和谐发挥着越来越重要的作用。

第二节　校园体育文化的发展简析

一、校园体育文化现状

从体育物质文化、体育制度文化、体育精神文化以及体育行为文化四个方面进行分析。

（一）校园体育物质文化现状

在高校体育文化教学和发展过程中，体育物质资源主要包括体育场馆、运动器材、体育雕塑、宣传设施、体育音像资料等。体育物质资源是体育教育与发展的重要组成部分。通过对体育物质资源的分析，可以发现体育硬件环境较为全面，能够基本满足学生日常体育活动和学校体育教学实践。然而，经过实地调研发现，由于学校人数众多，体育场馆数量有限，不能保证正常的教学，有的甚至发生了一场多用、多个班级共用一块场地的情况。由于学校的运动器材消耗快、磨损大、管理不到位，使学生在进行体育活动时，基本设施和设备不能适应全体学生的需要，影响了学生的体育兴趣。

（二）校园体育制度文化现状

有关体育制度的制定和实施情况比较乐观，学校制定了《体育教师工作守则》，并针对学校体育场地和设施制定了《场地器材设备管理条例》，应用在体育教学过程中的《学生身体综合素质测评制度》符合国家的规定，并严格遵守《学校体育工作条例》《大学生健身指南》等有关规定，但在实施过程中，《体育教师奖励制度》《体育社团管理规则》《体育竞赛规则》的实施力度不够，执行的积极性也不高，需要学校有关部门予以关注。

（三）校园体育精神文化现状

大多数学生可以通过对体育文化的学习有效地得到愉悦感，并可以有效地宣泄自己的负面情绪，得到锻炼后的成功喜悦；体育文化的学习可以促进人与人之间的关系，增强人的自信心。然而，一些大学生由于缺乏体育文化知识，不能充分认识到运动的好处，只把体育学习理念局限于身体活动，而忽视了对人的身心发展。同时，许多大学生对体育知识的理解存在着偏颇，有的对体育活动缺乏兴趣，对体育文化的理解不够深入。

（四）校园体育行为文化现状

本研究从教师结构、教师授课、学校体育课程、选课、学生兴趣等几个方面分析了高校体育行为文化。师资队伍总体水平高表明学校教师的教育水平和综合素质都比较高。分析学校体育课程设置可以发现体育专业的教学内容主要为基础体育和技术类，但由于师范类高校女生数量过多，在开设学校体育课程时，没有充分考虑这种状况，忽视了女生体育技能和力量的薄弱点。在课程设置上，高强度的教学让许多同学感觉到了压力。

二、校园体育文化发展的困境

（一）高校校园体育物质文化基础建设中存在不足

1. 体育场地方面

当前，我国高校体育场地建设中存在着两个主要问题：一是场地面积小而使用人数多。大多数高校老师和学生都认为，目前学校的体育场馆数量不足，无法容纳更多的学生来使用。导致该问题出现的原因很多，最主要的有两个：一是学校本身对体育课程的关注不够，体育经费投入不足，致使学校缺乏发展体育场所的经费；有的学校一直在加大招生力度，导致运动场规模的增加已经远远赶不上学生数量的增加。二是学校的课程设置对场地的要求很高，而学校的教学质量又不高。目前的运动场地存在场地不稳定、场地面积小、地面硬、基础设施不完善等问题。这不但使学生掌握教学内容、完成教学训练变得困难，而且使学生受伤的概率大大提高。

2. 体育雕塑方面

当前，很多学校对体育雕塑的建设并不重视，仅有少数几所高校进行了体育雕塑的建设，但同样存在着雕塑数量不足、雕塑摆放位置不够合理的问题。究其根源，是因为很多学校管理者都受到了传统观念的影响，没有认识到体育雕塑的潜在意义和价值。运动雕塑不仅能美化学校的环境，而且能给同学们创造一个良好的学习环境和参与运动的氛围。这些雕像往往是由体育领域中的佼佼者组成，通过榜样的力量，引导学生在体育文化中培养终生体育意识。

3. 体育图书方面

目前，我国非体育专业学校普遍存在着体育图书数量不足、质量不高、年代落后、品种单一等问题。这就导致了目前学校所拥有的图书资源无法满足老师和学生的需要，从而影响老师和学生对体育的积极性，对学校的长期发展产生不利影响。

（二）高校校园体育精神文化建设中存在不足

当前，我国高校体育精神文化建设存在着两个问题：

第一，由于缺乏对体育口号和标语的有效运用，存在着缺乏感染力、宣传手段单一、宣传范围狭隘等问题，致使一部分学生未被体育精神文化所感染，缺乏体育精神。

第二，缺乏对体育态度的认识。一些老师在评价学生成绩时，没有考虑到学生的体育态度，这不但会使部分学生的积极性不高，而且会使一些积极的学生由于成绩不佳、屡屡受挫而对体育感到厌倦。

（三）高校校园体育行为文化建设中存在不足

由于受各种因素的影响，学生和教师参加体育运动的次数、时间和强度都是有限的。但与此相反，老师的身体训练要优于学生。比如在锻炼的次数上，大部分的学生每周都会进行一至二次的锻炼，而老师每周进行三四次锻炼。就拿运动时间来说，大部分的学生都是半个小时左右，老师们一般都会选择四十分钟到一个小时的时间。比如运动强度，大部分学生都会表现出“不出汗”或“微微出汗”，而老师们在参加体育活动后，往往会表现出“出汗较多”“出汗很多”，但并不会筋疲力尽。

（四）高校校园体育制度文化建设中存在不足

校园体育制度文化对校园体育文化的健康发展具有重要作用，但实际情况是，由于各种原因，校园体育制度文化的建设不够科学、完善，存在诸多缺陷，主要体现在：

第一，学校的体育制度文化没有得到很好的推广，有些大学生和老师都不熟悉学校的体育规章制度。

第二，安全法规的普及性很差。由于教师和学生缺乏运动前热身、运动后拉伸等知识，导致运动受伤的概率增加。

第三，没有正确理解体育法规的价值。一些学生觉得学校的规章制度没有实际意义，反而认为其对自己是种束缚。

第四，我国高校的体育法规体系还不完善。比如，我国有些高校的体育教学体系没有跟上时代发展的步伐，存在着资源浪费、安全隐患等问题。这些问题的综合作用，造成了高校体育文化的缺失。

第三节 校园体育文化的创新建设

一、校园体育文化建设

（一）概述

人才培养是国家和地区经济发展不可或缺的重要组成部分，也是国家和民族进步的核心力量。当今科技发展走上了全新的高速道路，而伴随着其不断的创新，人才的培养将直接影响到整个社会各行各业的竞争。校园体育文化的建设不仅可以为培养创新型人才提供有力的支持，同时，也能有效地提升人才的素质，从而使我国的教育体制改革得到进一步的发展，推动素质教育的落实。

校园文化包括制度文化、精神文化、物质文化和行为文化。制度文化包括组织领导、校园体育制度、体育传统等；精神文化包括体育道德、体育价值观和体育精神；物质文化包括体育设施、体育宣传等方面；行为文化包括体育社团、体育文化节、学生个人体育活动等。以上文化的不同层次是相互促进、相互联系的。校园文化是以制度文化为主导要素，以精神文化为中心，以行为文化为主导，以校园体育为载体，校园文化建设是校园物质文化建设的重要基石。

（二）重要作用

1. 引导学生树立社会主义核心价值观

校园体育文化是在高校体育科研教学过程中产生的，它对师生的世界观、人生观、价值观产生了一定的影响。通过强化校园体育文化建设，可以有效地促进优秀校园文化环境的形成，促进大学生建立创新意识，增强个体意志并树立社会主义核心价值观，促进大学生个体的价值标准与国家、社会的价值目标相统一，使学生得到全面的发展。

2. 增强学生的创新意识

所谓创新意识，就是一个人按照社会发展的要求，激发产生空前丰富的东西或思想的动力，在其创造活动过程中所表现出来的一种意图、欲望和构想。它是人的意识活动积极而有成效的表现方式，是人从事创造活动的起点和内在动因，也是创造性思维与创造力产生的先决条件。加强校园体育文化建设可以扩大学生视野、激发想象力与好奇心、培养进取精神与竞争意识、提高他们研究未知领域的兴趣与愿望、培养探索精神与创新意识等。

3. 提高学生的创新能力

创新能力是一个民族进步之魂，也是经济竞争之核心。当今社会竞争看上去是人才竞争，实际上却是创新能力的竞争。加强校园体育文化建设可以培养学生敢于挑战和顽强拼搏的精神，学生创新能力的形成不是一朝一夕之功，而是一项长期系统性的工程。所以加强校园体育文化建设需要学生在校园内积极参与多种形式的体育竞赛与体育锻炼，可以督促学生培养艰苦求索精神和创新能力。

二、促进校园体育文化建设的创新对策

解决体育文化的发展困境，需要通过师生积极面对、开拓进取、主动创新校园体育文化的发展道路来实现，让体育文化在推动学生运动技能水平提高的同时也能起到原有的育人作用。具体措施如下：

（一）深化课堂教学

体育课堂作为学生参与体育学习的主要阵地发挥着巨大的作用，因此课堂教学在学校体育中处于中心地位，是校园体育文化构建与传播的根本途径。上体育

课时，应深化体育教学改革，树立以学生学习、运动为主的观念，对于保持学生参加体育锻炼的积极性、培养学生良好的运动习惯有积极作用。提高体育课堂教学质量，是学生习得体育技能和增加体能不可缺少的途径，更是建设校园体育文化的基础。学校要全面规划学年和学期教学计划，突破课时教学以实行学分教学，突破年级教学以实行选项教学，突破班级和年级局限以推进以俱乐部为载体的体育教育方式。

一是需强化学生体育锻炼意识，并在体育教学期间通过采用多元化途径向学生传授体育知识，提升其体育理论知识。二是学校在推进校园体育精神文化建设时，要时时关注学生，在其需要帮助时及时有效地提供帮助，引领学生寻找到正确的学习动力。在社团活动、课程教学、体育运动以及专题讲座开展时，教师要定期对他们进行精神以及思想上的指导，让他们在学习时建立起正确的学习方式，并且清楚了解自己的学习目的，增强他们对于体育课程、竞赛以及活动的理解，从而让他们在学习中获得更充分的成长。

（二）规范教学管理与制度建设

要推动体育教育的多样化就要强化教育过程的管理，这是推动高校体育文化发展的一条重要途径。为此，应建立健全高校体育委员会或体育组织，以鼓励学生和教师组建各类体育协会，并完善各项体育管理制度。

在进行工作时，体育老师要严格遵守体育教师工作规范，把各项规章制度贯彻到各项工作中去，在教学时要严格遵守有关的工作规范，在体育课堂上严格遵守学校的各项规定。在教学中，可以根据不同的教学时间选择相应的学生来管理体育场馆，让学生对体育场馆的管理有一个更为清晰的认识。其次，根据学生特点、学校特点、地域特点，在教学中加入一些有特色的运动和传统运动，让学生在了解有关运动文化的同时，也能继承和发扬我们民族的传统文化。

体育评价标准对学生的学习效果有很大的影响，教师可以根据学生的吸收能力进行分组，使学生能更好地认识和掌握运动的内容。除此之外，还可以根据自己的条件，比如不合格不能毕业、不能出国。比如一些大学，为了提高全校的游泳技术，规定学生必须在规定的时间内游完指定的距离，才能被认为通过，这对提高学校的游泳技术是很有好处的。因为这个标准通常要比全国规定的大学生标准都要高，因此，有关部门必须对自己学校学生的情况有一个全面的了解，才能制定出一个合理的评价标准，不然的话，很可能会出现过难、过易的现象，影响到学校学生的整体素质。同时，要严格落实大学生的运动达标标准，重视大学生的体育记录，保证各项数据的准确性和有效性。这些数据不仅可以保证学生的体质得到提高，而且能够使他们成为德智体美劳全面发展的优秀人才，而且对今后的教育工作也有一定的指导意义。

（三）丰富课外体育活动形式

多样化的课外体育是构建大学体育文化的重要组成部分。课外运动是体育教学的延伸，是学生拓展兴趣和展示自我的平台。通过多种途径参加课外体育活动，可以有效地提高大学生的体育精神、拼搏品质、兴趣、价值观念、组织、管理、协调等素质。通过举办校、院、系运动会、体育文化节等形式多样、生动活泼的活动，充实广大师生的业余生活。还可以通过学生会、体育部等学生组织或学校学生工作部门举办各种形式的运动竞赛，组织各种形式的体育知识竞赛，增强学校的体育文化。

在某一阶段，由于受到传统的教育观念制约，学校的课外活动出现了任意性、盲目性的问题，且实践性和体育课知识、技术等方面已然分离，对学生养成体育锻炼的习惯起到了不利影响。所以，通过开展课外活动，使大学生自觉养成体育锻炼的好习惯，并培养其终身体育的意识，已经成为校园体育课程的终极目的。拓展学生的体育课外活动的方式有：

1. 逐步建立课余体育运动社团

体育运动社团是指广大学生自发参加、以健身和娱乐为主要目标的团体。它的实施能使学生对运动的兴趣和体育锻炼的自觉意识得到提高，并改善校园体育场地及设备使用情况。另外，体育运动社团能产生一种无形的凝聚力，带来许多益处，各利益相关方也能共同努力，协助同学们互相交流，提高同学们的学习热情，让他们参与到运动和行动中去。通过提高学生体育参与和锻炼等方面的认识，可以促进学生养成参与体育行为的习惯。

2. 开展体育文化节

体育文化节是一种以体育和健康为主要内容，以学校全体教师和学生为主体，结合竞技、健身、娱乐为一体的课外体育活动。通过举办体育文化节，可以拓展学生参与体育活动的内容和形式。以健身、娱乐、教育为核心的竞赛、表演、讲座等多种形式，能大大激发学生的参与体育的兴趣，增强他们的运动意识，使他们养成良好的体育运动习惯。

3. 建立专业体育运动队

专业体育运动队是课外体育的一个重要组成部分，专业运动队可以为具有体育特长的学生提供一个很好的舞台。专业体育运动队的好处很多，首先作为校园精神文明建设的窗口，可以提高校园形象。其次，它能够形成凝聚力，引起教师和学生的注意和评价。体育专业运动队的建立，既能增加学生的体育参与度，又能促进体育活动的发展。

（四）完善校园体育设施

加强学校体育设施建设是营造良好校园体育氛围的重要物质保障，体育具有的实践性质致使体育文化的传承、体育知识与技能的掌握都与体育活动、训练紧密相关。良好的运动设施能够大大提高学生参与运动的主动性。学校拥有的场馆设备、设施的质量等一系列的物质条件，直接影响着学校的体育文化的传播与发展，同时和校园体育文化建设关系密切。同时，要合理地营造具有鲜明的校园文化氛围，如在校园内设立具有代表性的运动雕塑，让学生在体育方面拥有精神偶像，提高他们的体育意识。因此，完善体育设施，进一步调动学生的体育积极性，是推动和改进高校体育教育的一个重要方面。

从体育的物质文化层面来看，在改善有关问题的同时，可以采取强化体育馆设施设备的措施。在改善体育馆的设施设备过程中，设立专门的维修人员并成立相关学生体育部门。由专业的维修管理人员带领，学生们能够主动进行体育设施的保养和维护，及时检查并对损坏、老化的设施和设备进行登记、报备，及时维修。如果遇到维修困难的情况，可以进行体育设施设备的更新。

（五）提升校园体育文化的底蕴

对校园文化传播方式进行优化有利于提高校园体育文化内涵。要在现有的校园文化基础上，充分把握广大学生的体育兴趣和对体育的客观需要，通过广泛、深入的筛选、渗透和补充融合，发挥学校的资源优势，营造具有鲜明特色的校园体育文化氛围。在实际的体育教学时可以开展各种体育锻炼、竞赛和宣传活动，并根据学校的具体情况开展各类体育知识讲座、体育知识竞赛等。在体育课堂以外，可以通过讲座、辩论、知识竞赛等方式，对学生进行长期、系统的体育教育，通过宣传体育文化和潜移默化的知识渗透让他们了解体育的价值和重要性，并逐渐形成正确的体育价值观。在宣传活动中，应积极扩大运动的内涵与外延，强调循序渐进的原则，通过不断累积，逐步提高学校体育的文化底蕴。

体育物质文化是校园体育文化的外部表征。在建设校园体育文化时，需要通过建设校园物质文化来建设校园精神文化，也就是说，物质文化建设是精神文化的载体，物质文化建设是精神文化建设的重要途径。体育建筑是校园体育物质文化的载体，它的建筑形式是校园体育文化特点的重要组成部分。所以校园体育建筑既要体现体育文化内在，又要体现体育精神和体制文化特征。在体育场馆的建设中，学校应根据自身的体育文化特征适当增加一些优秀运动员和有文化意义的雕塑壁画，从而提高校园体育文化的环境水平和文化品位。因此，要从校园物质文化建设入手，挖掘人文精神，调动教师和学生的体育积极性。

在学校里进行大规模的体育活动，以促进爱国主义、集体主义的建设和弘扬。体育竞赛是一种平等、互相尊重的德育、体育活动，参与者具备高尚的体育精神。此外，国家运动员在国内外竞技比赛中获得荣耀，对学校来说，这激励了学校师生的爱国精神和民族自豪感，树立正确的人生观和世界观。

（六）创立高校体育特色项目

创建体育特色项目是校园体育品牌文化的一条创新之路，有利于体育文化的形成与传播。为创建特色项目，可以结合学校自身的体育环境、体育教育专长、学生热衷的体育活动、学校规模、类型、办学条件和可开展的科研条件等因素，根据自身情况制定适当的措施，以开发具有鲜明特点的体育课程，这是校园体育文化升华的重要环节。每个学校在类型、办学条件、地理位置和师生构成上都不尽相同，不同的学校要结合自身的特点来发展不同的校园体育文化，从而形成各自的特色和传统。一个具有鲜明特点的体育项目、运动队、体育俱乐部，往往可以吸引更多的学生。建立校园体育品牌，开展体育品牌的交流，既能提升学校的知名度，又能提升大学生的荣誉感和参与性，促进校园体育文化自我特色的发展。

不仅如此，对于学生荣誉感的产生也有促进作用，并激发学生积极参加体育活动。校园体育文化是校园文化的一个重要组成部分，是经过长期的积累、选择和凝练而成的一种精神产物，对学校的人文氛围和文化氛围来说是不可或缺的一部分，它能滋润心灵，净化思想，提升心灵境界。校园体育文化具有内涵丰富、形式多样、建设途径多种多样等特点，必须不断探索新的校园体育文化建设模式和方法，构建高校体育教育评估体系，为校园体育教育的优化与提高提供理论基础和现实参考。

体育创新项目是指能够调动学生积极性、激发学生兴趣的活动。体育创新项目可以是传统的，将传统项目以学生的需要为核心来进行创新，也可以是新项目。以学生的实际需要为切入点，在体育教学中不断创新，既能保证体育活动的娱乐性和实用性，又能引起学生注意，促进学生养成规律的体育锻炼，提高他们的体质，有利于建立规律锻炼好习惯的学生比例大大提高。从长期的角度来看，它不仅有利于学生的长期发展，而且有利于整个体育运动事业的发展。现代社会中的校园体育正面临着巨大的机遇和挑战，同时体育教学也受到了教育现代化提出的要求。因此，各有关单位要深刻认识校园体育文化的重要意义，认真剖析当前校园体育文化的缺陷和问题，从而有针对性地提出相应的解决办法，进而为学校师生营造一个良好的氛围，以保证大学生的德智体美劳全面发展，实现国家体育强国的宏伟目标。

第三章　休闲体育文化概述及创新路径

本章主要介绍休闲体育文化的概述及创新路径，主要从三个方面进行阐述，分别是休闲体育文化概述、中西方休闲体育文化的发展现状以及休闲体育文化的创新路径。

第一节　休闲体育文化概述

一、休闲时代

休闲是一种非常古老、非常重要的人类活动，它是人们生命中不可缺少的一部分。休闲体现了一国的生产力水平和社会文明程度，是人类物质与精神文明的果实，这种全新的生活形态是与人民生活品质密切相关的新领域。在经济发展水平较高的国家或地区，休闲已成为人们日常生活中不可或缺的一部分，也是人们日常生活中的一项重要内容。

回顾历史实际上并没有出现世界范围的真正意义上的休闲时代。古希腊的休闲生活被当作一种理想，却是以奴隶阶层的非自愿劳动为基础的，少数希腊人是靠奴役大部分人来消遣，但由于政治与经济环境的不稳定，贵族阶层也并非无忧无虑。正如亚里士多德所说：斯巴达人无法享受真正的休闲，因为他们害怕那些做粗工的奴隶起来暴动。中国古代能过所谓“休闲”生活的人也是极少数的，如春秋战国时期的游侠和食客、魏晋南北朝时期的隐士，在他们貌似潇洒的生活背后背负着沉重的精神压力。个体或特定阶级开展的休闲活动并不能说明整个社会已经具备了休闲的条件。

在发达国家，由于人力资本的投入和劳动质量的不同，导致了社会经济利益的不同，这使得人们在休闲活动方面存在差异，也就分出了以休闲为主和依然以工作为主的两个不同群体。休闲服务业主要针对那些在事业上已经有所成就的个人和群体，一部分人率先过上了高质量的休闲生活，并把一些高消费的体育运动项目作为休闲娱乐的内容。当工作时间相对缩短的时候，共享劳动的时代就到来了。在欧洲，如芬兰、瑞士等人口较少的国家，共享工作已经得到了广泛的认可，而休闲活动也日益流行。

当时间来到 20 世纪末，越来越多的国家所面临的共同新选择：要么继续维持现有的工作时间使越来越多的人失业，要么不断减少工作时间倡导人们积极休闲。显而易见，人类的可持续发展之路是增加人类的闲暇时间，并且在这个时代，人们会参与到更多的精神生产、身体锻炼等活动中去。休闲问题已成为当今社会的焦点，而休闲有可能成为下一个时代的特色。

休闲是个体和群体的一种主动行为，随着这种行为的扩大和对基础设施需求的增大，休闲已经成为一种社会重大现象。随着假日的增多，每年都会有更多的人去旅游，而在周末进行短途旅行的人也在增多。当今世上休闲体育活动发展迅速，自行参与运动的人数逐渐增加。而在发达国家，人们通过休闲来达到自己的目的，更多的人则会根据自己的时间和是否能够从事自己喜欢的事情来衡量自己的生活品质。

由于工作时间的减少，各种公益性的、私营的、非营利性的、商业性的休闲场所和设施数量在不断增加，使得人们可以进行各种形式的休闲活动，而在休闲生活中，体育娱乐的比重也在逐渐增加。随着闲暇时间的增多，人们可以有更多的机会参与到各种各样的活动中去，那么，在未来的日子里，我们要怎样度过这些悠闲的时光呢？虽然人们选择进行体育运动的理由有很多种，但是大部分人都是为了“寻找快乐，释缓压力”，或者是“锻炼身体，增强身体素质”“与朋友、家人沟通交流”“锻炼不足”等。可见，现代社会中人们追求愉悦感和消遣是人们参与体育活动的首要目的。

因为休闲越来越注重个体的自由和自主性，所以个体的自由选择和以个体意志主导的组织方式必将成为未来的主流。体育的活动方式和组织形态的多样化特征，使其在休闲中占有重要的位置，因此，体育休闲运动必将成为人们在休闲时的第一选择。

二、休闲的特征与构成要素

（一）休闲的特征

关于休闲的认知与理解，不同文化的解读与表达方式也不尽相同，但对其本质的追寻仍具有相同之处。从中国儒、道、佛三家的观点来看，休闲既是一种生活的形式，又是一种生命的状态。休闲的特征如下：

（1）超越性

超越性是指超越当下的生活。休闲哲学要求我们在设定人生目的时要有超越性，要超越于眼前的某些东西，注重对生命有更高的精神追求，而生命的内容愈具灵性，就愈能超越当下的生活。

（2）主体性

休闲更多地体现在人们内在心灵的深处，而非外在的满足。人并非消极地接受外界的决策，而是通过内心的灵性来控制周围的情况。在这一点上，人类的主体性特征得到了充分的体现。休闲哲学着重于人在人生目的的设置和行为的选择中所表现出来的主体性。而人与动物的区别，就在于有没有主体性。在价值追求方面，主体性的强弱也是区分生命境界的一个重要指标。若一个人的主体性很强，那么他的生命境界定然不会低于那些主体性较弱群体的境界。

（3）日常性

休闲哲学与普通的生命哲学不同，是因为休闲哲学要把各种人生的理想和价值反映到日常生活中去。换而言之，就休闲哲学而言，其并非空洞的大道理，而是通过人们的生活、行为方式、生活内容等，表现其人格理想和人生价值。所以，闲暇哲学追求的是理想与现实的统一，知与行的统一。其价值目的是超越性的，而其生命理想的实现则是以现实性和日常性为特征的。

（4）体验性

休闲哲学强调人的生活是一种体验。休闲哲学所寻求的是一种对生活更深层的理解，而非对生活的宽泛概念。人生的品质取决于内心的体验。通过丰富的体验，我们便能够从平凡的日常中走出来，去感受到平常外表下的真正内在意义。同时，我们也可以通过体验来理解生命中的人性之美。体验是个人生活的独特之处。应该说，任何一个有意义的发现，都与人类特殊的感受和体验密不可分。因此，体验性既是对人生品质的一种度量，也是人生价值的一个重要指标。

从上面的阐述中我们可以看出，中国传统的儒、道、佛哲学对休闲的认识实际上是一个十足的理想模式，但这种定位至少表达了我国传统哲学思想的追求，即“君子忧道不忧贫”的精神，返璞归真，顺应自然的境界，随缘人生，淡泊名利的平常心态。

冈特则从现代社会的精神和意识角度对休闲进行了阐述，在他看来，休闲具有以下几种特性：

休闲选择包含了对参加某项活动的选择和规定，但供选择的项目总是多种多样的；休闲的意义主要在其自身，具备自身意义的独立完整性；活动应足以影响参与活动者，使其完全投入；人们往往没有意识到，自己已经失去了时间。有人坚称，这是最能反映休闲价值的状况；从单调的日常生活中暂时地解脱出来。闲暇在一定程度上也是一种独特的体验。

（二）休闲的构成要素

根据前面我们对休闲概念的理解和解释可以看出，我们在定义中并没有提出诸如自由时间、非工作活动、自由感、活动方式等概念，但是，它包含着以上观念所暗示的内容：闲暇时，人们拥有较大的自由，可以选择自己喜欢的事物，也可以参与自己喜欢的活动，来实现自己的心愿，从而得到好的心理和情绪。根据对休闲这一概念及其内涵的分析可以得知，休闲至少包括以下几个方面：自由时间、活动方式、心理状态、经济能力、活动空间。从前面对休闲的认识和理解来看，这些因素本质上也是休闲活动构成内容的不同视角。

（1）自由时间

自由时间是指一个人可以自由支配和利用的时间，也就是用于工作和生活这些必需时间之外的时间。因为人类的一切活动都是以时间为单位进行的，所以，自由时间就成了一个非常重要的前提。马克思说：“自由时间就是可以自由支配的时间……这种时间不被直接生产劳动所吸收，而是用于娱乐和休息，从而为自由活动和发展开辟广阔天地。”“但是自由时间，可以支配的时间，一部分用于消费产品，一部分用于从事自由活动，而这种自由活动不像劳动那样是在必须实现的外在目的的压力下决定的，而这种外在目的的实现是自然的必然性，或者说……怎么说都行。”从马克思的论述中我们可以得出以下认识：

第一，自由时间是指人们自己能自由使用的一种时间。

第二，在自由时间内进行的行为并非来源于任何外部压力、目标和义务，而是出于个人目的。

第三，在闲暇时间内，其活动的主体是娱乐休息，而非生产性劳动。

当然，自由时间并不完全等同于休闲时间。因为自由时间这一概念主要体现了活动主体对于这段时间所具有的社会权利，并不能完全表达时间耗费的目的和使用方式。所以，我们在后面将使用一个专门性的时间概念——休闲时间。这个时间概念完全表明了时间的性质及其使用取向。

（2）活动方式

休闲活动往往都是以一定的方式进行的，因为个人的兴趣、爱好、能力等因素，甚至在休闲活动中都会显示出个人的特点。所以休闲的活动方式是多种多样的。因此，如果要对休闲的活动方式进行定义的话，那么它只能被定义为："在尽到职业、家庭社会职责之后，让自由意志得以尽情发挥的事情，它可以是休息，可以是自娱，可以是非功利性地增长知识、提高技能，也可以是对社团活动的主动参与。"我们可以看到，休闲活动可以是任何活动，是在自由意志下的任何一种活动，它与由外部目标的压力所决定的劳动不同，它是由个人的兴趣来驱动完成的。

（3）精神状态

精神状态是指个体在整个参与活动中所持有的态度、兴趣，并由此而获得的自由、从容、满足、愉悦等多种主观情感。根据心理学中体验学说的理论来看，体验是个体在感受和吸收外在物质时的一种精神和情感过程。早期对休闲进行的心理学角度的研究认为，休闲方式是先于人们的选择而存在的，那么，个人为什么选择这种而不选择那种呢？选择的理由完全取决于行为者的心理机制。

美国学者约翰·纽林格在对三种心态层次的休闲方式进行考察之后，甚至将休闲视为一种"精神状态"，而不是一种行为或一种时间。休闲不是情境，也不是行动，它是一种态度。有些人甚至将休闲视为一种生活状态，或者说，它是一种对个体健康发展有利的内在体验。我们姑且不去讨论休闲是否可以被定义为"精神状态"，但是，在运动中，人们的心理状况会影响到整个运动的结果。在任何情况下，休闲都是指伴随某种精神状态而进行的活动。有些休闲活动，例如娱乐，其在活动中和活动结果所引起的情感状态常常是对其影响程度的一种评估。由此可以看出，在休闲的内涵中，精神状态应该是非常重要的一部分。

（4）经济能力

在经济社会中，人们拥有或获取生活必需品的手段、方法和技能即为经济能力。从休闲即是消费这一概念和现实出发，休闲的存在必然与社会和个体的经济实力相关联。马克思认为，“人们为了能够‘创造历史’，必须能够生活。但是为了生活，首先就需要吃、喝、住、穿以及其他一些东西。”所以第一次历史活动就是生产满足这种需求的材料，也就是物质生活的生产本身，这种历史活动正是所有历史的基础，人类每天都要为了自己的生活而去完成该活动，从几千年以前一直到今天都是如此。根据马克思的学说，人类在进行其他社会活动之前，必须先进行生产性劳动，以满足他们的基本生存需求。基本生活需要的满足活动是一切其他活动的基础，这个前提得不到一定保障，其他社会活动必然会受到影响。而满足生活需要的活动从本质上讲就是人的经济活动。

在现实经济社会中，社会整体经济发展水平和个人经济实力对他的生存状况有着极其明显的影响。一些社会学家相信，虽然有着充足的自由时间，但富人的休闲是持续的、自发的，而失业的人仅能暂时地、无可奈何地享受休闲。由此可以看出，经济实力不同的个体，其休闲娱乐的方式也不尽相同。

（5）活动空间

人的一切活动都是在一定空间内进行的，如果没有合适的活动环境（与活动的需求相比），就无法实现休闲。由于休闲的方式可达到随意多的程度，因此，人类休闲活动的空间完全视活动方式的基本需求而定。但是，问题的关键并非空间的规模，而是活跃参与者对于该空间的所有权（长期或暂时性），以及在该空间中是否能感受到真实的自由。在这种情况下，活动的空间就是一种范畴，它将活动的客观需要同活动主体的预期需要和外部约束的程度紧密联系起来，构成活动场。活动场容纳了参加活动的人，给了他们一个可以自由活动的地方，可以适当地表达他们的情绪。

活动空间分为两种：个人空间和公共空间。个人空间也可以称之为私人空间，通常以私人住宅为主体。这种空间不仅是人们居住的空间，也是家人以及亲朋好友休闲活动和交往之处，因此，现代城市民居规划往往成为城市建设的中心和支点，家居环境成为评判个人生活质量的重要参数之一。公共空间有工作空间与休闲空间之分，其中休闲空间就是现代生活中日益重视和强调的重要活动空间。《城市规划大纲》由国际现代建筑协会提出，其中建议应按居住、工作、游憩三个方面划分并均衡，然后再构建三者连通的交通网络。因此，游憩（休闲）所需的空间应当是城市规划中极为重要的一环。在大多数情况下，人们对休闲的热爱程度取决于个体的个性和对人生的态度。有些人虽然拥有充裕的闲暇时间，而且拥有充足的财力和活动空间，但是他们没有兴趣参与娱乐活动。有些人工作忙得不可开交，但他们总是千方百计地寻找着可以放松和消遣的机会。很明显，是否有休闲环境并不能决定人们是否会选择休闲，人们的观念和意识才是行动的决定性因素。同样，尽管拥有足够的活动方式，但却缺乏参与的情趣，再多的方式也不会引起参与休闲的欲望。

三、休闲体育的概念

近年来，休闲已经成为一种时尚，“休闲”一词已成为出现频率越来越高的用语，几乎众人皆知。但是，对休闲的含义，真正理解的人却不多。英文单词Leisure源自古法语leisir，而古法语则源自希腊语Schole，意思是休闲和教育，通过娱乐和提高文化水平而受益。Leisure的词义中并没有太多有关休息的意思，娱乐意思所占的比例也不大，词义主要是除了必要的工作之外的自我发展，表现了“休闲”一词所具有的独特文化及精神内涵。

休闲一词，按现代汉语的字面意思解释，“休”就是休息、休养、休假的“休”，有脱离工作、摆脱烦恼、自由调整的意思；“闲”有闲适、闲散、闲暇、闲逸、闲静之义。当然，从传统思想上看，“闲”字表示的是无关紧要的事和行为，没有积极的意义，如闲言闲语、闲扯闲聊、闲逛闲游、闲坐闲居等。然而，对于文人学士来讲，自谦为“闲”倒成为一种美德。如，闲趣、闲情、闲雅、闲野等词，表达的含义很有几分美感。在汉语中，与休闲有一定关系的词还有“余暇”一词。在这里，“余”字有剩下、以外、饱足之意；“暇”字则有空闲、无所事事之说。旧有“暇豫”一词，意为悠闲逸乐。《国语・晋语二》中说：“主孟啖我，我教兹暇豫事君。”韦昭注：“暇，闲也；豫，乐也。”用现代汉语来表述则是休闲娱乐之义。因此，按照原义，“暇豫”一词有工作之余、劳动以外、衣食之后行使悠闲逸乐之事的意思，与休闲娱乐的含义十分相似。

《现代汉语词典》将“余暇”一词定义为空闲时间，它没有行为方面的内涵，只有空闲的意思。这个词义的表述使得“余暇”这个词经常与其他词语搭配使用，如余暇活动（即空闲时间中进行的各种活动）、余暇时间（空闲时间）等。值得注意的是，国内有的学者把它译为“休闲”，有的则把它译为“余暇”。作者认为与“余暇”相比，“休闲”是更为理性、更为深刻和全面的表现形式。从词义上来说，“休闲”不仅包含了“余暇”中所含的“闲”的时间意义，同时也包括了如何度过“闲”这段时间的“休”。

尽管不同人对休闲运动的表述有很大的不同，但人们往往将以下两种基本特征加以强调：一是闲暇或休闲时间；二是以身体锻炼为主的体育项目和活动。

休闲体育是指人们在业余时间进行适当的活动，以达到放松和强身健体的目的。近年来，随着科学技术、经济的飞速发展，现代信息技术已经极大地改变了人们的生产、生活方式，并对人类的发展做出了重大的贡献，而最显著的贡献是可以使人们有更多的时间来消遣。美国有关学者曾经预言，进入 21 世纪中叶时，人们的休闲活动将会有很大的增长，对休闲运动的认知和理解也会逐步发生变化，并逐步接受休闲运动。从目前的社会发展情况来看，休闲体育正在逐步融入人们的生活之中，而休闲体育与竞技体育之间有着某种联系，如果把某些体育活动运用到竞技体育中，那么它就可以被归类为体育，如果把体育运动用于娱乐活动，那么它就可以被归为休闲体育。因此，休闲体育是指人们在日常生活中进行的各种体育活动，是现代社会发展的必然结果。

综上所述，休闲体育是指人们在余暇的时间里，在自由的环境和条件下，为了丰富生活、增进健康、调节精神而自愿进行的放松身心的各类体育活动。内容选择以个人爱好为前提，如游戏、球类活动、郊游、垂钓、登山等。参加休闲体育运动可以寻求生理和心理上的放松，运动强度不大，令人轻松愉快，具有安抚身心、消除疲劳的功效。休闲体育强调的是心情的放松、身体的舒适、情感的释放，从而获得身心的满足。

四、休闲体育的基本内容与分类

（一）休闲体育的基本内容

可供休闲娱乐的运动项目是丰富多彩的。既有对场地和资金需求较低的传统体育项目，如武术气功、散步跑步、徒手体操等；还有些现代化的运动项目，要求有特定的场地和设备，如网球、游泳、旅游、家庭器械健身等；还有一些对场地、设施和投入要求较高的新型运动项目，如高尔夫球、保龄球、赛车、摩托艇、登山、攀岩、热气球、滑翔翼等。从活动所依托的背景来分，主要有三个方面：陆域以山林野外为背景的登山、攀岩、郊游、山地自行车运动、野外旅行、探险、滑雪、滑冰、雪上摩托等；以水域为背景的划船、赛艇、帆板、水上摩托、潜水冲浪、钓鱼、游泳、木筏漂流等；以空域为背景的滑翔、跳伞、热气球等活动。

（二）休闲体育的分类

休闲运动并非一种具体的运动，它是一种社会性的运动形式。所以，它包含了大量的体育和活动形式。因此它的分类方法也较多。

1. 按身体能力分类

在竞技体育中，根据运动员完成训练、比赛所需的主要能力，可以将其划分为体能与技能两大类。许多休闲娱乐项目作为竞技体育的衍生物，其基本性质与竞技体育相同，因而可以根据其所需要的主要体能来划分。

（1）体能类运动

在展现人类体能和适应环境能力过程中达到休闲目的，可分为以下几类：

①耐力型运动

主要体验长期融入自然环境，特别是在与超常自然环境融为一体时，表现出对不同环境的适应性，如远足、长距离或超长距离自行车和摩托车旅行探险、划船、登山、沙漠探险、极地探险、越野滑雪等。

②速度型运动

主要是感受在超速状态下的运动所带来的快感和刺激，以及在特定的速度下获得情绪和身体上的刺激，如速度滑冰、卡丁车、摩托车、摩托艇、高山速降滑雪、冰橇、过山车、蹦极、悬崖跳水、高空弹射等。

（2）技能类运动

在展现人类掌握和运用各种技能过程中达到休闲目的，可分为以下几类：

①对抗型运动

A. 隔网对抗型运动：在运动场地设一道拦网，参加运动的选手（徒手或持器械）分成两队，进行隔网对抗，如沙滩排球、软式网球、网式足球、羽毛球等。

B. 同场对抗型运动：参与体育休闲娱乐运动的选手在一个场地上相互追逐，争取把球投或射到特定的区域或目标，如 3 人制篮球、室内足球、壁球、高尔夫、木球、门球、桌球等。

C. 格斗对抗型运动：以参与运动的选手身体为进攻对象进行双人格斗，如拳击、柔道、太极推手、跆拳道等。

②表现型运动

A. 准确型运动：以准确击中既定目标而展现掌握精确技术的能力，如定点跳伞、射击、射箭、掷飞镖、弹弓等。

B. 唯美型运动：以高难度动作展现人体美、运动美，如跳水、高空跳伞、花样游泳、滑水、花样滑冰、冰上舞蹈、健美操、有氧操、街舞等。

2. 按身体状态分类

国内有学者按参与者的身体状态把活动分为观赏性活动、相对安静状态活动和运动性活动三类。

（1）观赏性活动

观赏性活动是指通过观看各类体育比赛、休闲娱乐活动，在间接参加的过程中，表现出赞赏、激动、惊讶、沮丧、愤怒、失望等情感，以缓解心理紧张，并了解体育知识、欣赏体育的艺术魅力。

（2）相对安静状态活动

相对安静的运动是指棋牌类的休闲活动，参与这类活动的参与者体力消耗比较小，但脑力消耗比较大。进行棋牌活动可以形成参与者或者配合默契、心领神会，或者智勇双全、胸怀全局的心理素质和心理特征。而且为适合棋牌用时较长的特点，参与者需要经常锻炼，保持良好状态。因此，棋牌等相对安静活动既能健脑，又能健体。

（3）运动性活动

目前我国学者认为运动是休闲体育的主要内容，并将以各种休闲活动的特性为依据归为如下类型：

①眩晕类活动

通过特殊的体育运动设备，可以让参加者在身体和精神上都得到一种前所未有的空间运动体验，如过山车、蹦极跳和悬崖跳水等。

②命中类运动

运用自身技巧和能力，借助特定器械击中目标，如射击、射箭、保龄球和桌球等。

③冒险类运动

参与者对自然的挑战性休闲活动，如各种漂流，沙漠极地探险，飞越黄河、长江和横渡海峡、湖泊等。

④户外类运动

指人类回归自然的各种休闲活动，如野营、登山、远足、定向越野和攀岩等。

⑤技巧类运动

参加比赛的人将自己的运动技巧和特殊的装备结合起来，以此来展示高度技艺、技巧的运动，如花样滑板、小轮自行车、溜旱冰和轮滑等。

⑥游戏竞赛类运动

竞技项目简化或游戏化后形成的体育休闲娱乐竞赛活动，如沙滩排球、街头3人篮球、室内足球和网式足球等。

⑦水上、冰雪类运动

主要包括游泳、跳水、滑水、滑雪、雪橇和滑冰等运动。

3. 按记分方法分类

休闲娱乐的主要目的是愉悦身心，而体验获胜是愉悦身心的主要方法之一，因而可依据记录获胜的方法对体育休闲娱乐活动进行分类。

（1）命中类运动

以击中特定区域或目标决定胜负的运动，如3人制篮球、室内足球射击、射箭等。

（2）得分类运动

以既定回合得分决定胜负的运动，如沙滩排球、软式网球、羽毛球、乒乓球等。

（3）评分类运动

以参与者动作表演性、唯美性、技巧性等得分决定胜负的运动，如跳水、高空跳伞、花样游泳、滑水、花样滑冰、冰上舞蹈、健美操、有氧操等。

（4）测量类运动

以高度、远度或通过规定距离所需时间的测量决定胜负的运动，如速度滑冰、卡丁车、摩托车、摩托艇、高山速降、滑雪、冰橇等。

（5）制胜类运动

以参与者的绝对获胜或在无法决定绝对获胜条件下的评分决定胜负的运动，如拳击柔道、太极推手、跆拳道等。

4. 按动力源分类

按休闲活动过程中人和器械运动所获的主要动力源把休闲运动分为：

（1）动力类运动

人和器械进行运动主要依靠动力进行的，如摩托车、卡丁车、高空弹射、摩托艇、动力滑翔伞等。

（2）无动力类运动

人和器械进行运动主要依靠人力进行的，如远足、登山、跑步、大部分球类项目、滑冰、越野滑雪、健美操、有氧操等。

（3）自然类运动

人和器械进行运动主要依靠自然力进行的，如蹦极跳、悬崖跳水、风筝等。

（4）半自然类运动

人和器械进行运动主要依靠自然和人力的结合进行，如高山速降滑雪、高台跳雪、滑翔机、滑翔伞、高空跳伞、过山车、漂流等。

5. 按季节、场所分类

依据国际奥委会对奥运项目的一级分类标准，所有休闲项目首先也都可以分为冬季和夏季项目两类，然后根据项目适合开展的场所进行二级分类：冬季室内、室外和夏季室内、室外，然后再按其他分类标准进一步分类。

6. 按动机和目的分类

按照参与休闲体育活动的动机和目的，还可分为健身、娱乐、竞技、放松、消遣、社交、探新寻奇和寻求刺激等活动。

五、休闲体育的特征

休闲体育运动并非指这种运动与其他运动形式有特殊的区别，它是指这种运动与休闲所需的情趣相匹配，具有一定的文化娱乐性，使之由普通的体力劳动转变为休闲情趣和生活方式。所以，它的特点如下：

（一）自然性

众所周知，人类作为一种生命存在的活动分为两类，一种是外部活动，一种是内部活动。内部活动即生理、生物活动，是物质和能量不断消耗的过程。这个过程是不管我们是否愿意都会在人体内进行的。为了保持生物的生存状态，一方面要持续地推动消解过程的主动进行，另一方面又要与外部的物质交换来弥补消耗掉的能量。而这两种行为都是由生物体的外在行为所决定的，即食物的摄取、排泄和身体运动，也是人类最基本需求的根源。我们知道了这一点，就不难理解为什么人会选择大量涉及身体运动的游戏和娱乐方式。作为一个生命，必须遵循生命的基本规律，即保持着生物的本能需要和行为，但在人类个体社会化的过程中，人类的这种本能需要会受到某种特殊的约束，并以社会人独特的方式来满足。

（二）参与性

休闲体育是一项具有高度实践意义的社会活动，要求人们亲自参与，在运动中体会、获得一定的情感体验，或以自己的活动成果来表现自己的思想。没有参与，就不可能获得想要的感觉，也就不能在休闲体育中完全地将自己表现出来。一些人将观看体育比赛、表演等活动纳入休闲运动中，将其分为参与型和观赏型两种不同的类型。本书认为，观看和欣赏是一种文化休闲，而不是一种休闲体育，因为它与文艺表演，如杂技、大型综合性演出等没有多大的区别，尽管这些现代文艺演出中经常也有演员与观众之间的互动，但我们却始终不能认定这是观众在演出。因此，休闲体育应该是参与性的，是活动者亲身实践的过程。

（三）流行性

流行性是指某一种社会现象具有很大的影响力，并在一定程度上形成了它的时代感这种外在表现，而这种表现通常是由流行产生的。在当代，随着人们的物质和精神生活的空前提升，休闲活动也逐渐融入了人们的日常生活之中。但是，随着现代社会的高度发展，各种新的运动和娱乐项目层出不穷，由于传媒的影响，很多运动项目很快就在全球范围内普及开来，从小范围项目一步步成为国际性质项目，奥林匹克运动会项目设置的不断扩张，就是体育的这种流行性的典型表现。休闲体育的流行性主要从其活动项目的迅速风靡于世，而后又悄然消失中表现出来。一项运动通常会在一段时间内迅速兴起，并在人们的休闲时间内变成一项非常受欢迎的运动。就与其他的流行的新鲜事物类似，一种体育活动也可能风靡一时后，又很快的销声匿迹，取而代之的是另一个让人愉悦接受的新的体育项目。其实，休闲运动之所以具有这样的流行性，完全取决于人们的自由活动时间和人类的个性。当人们获得了自由时间的时候，他们所要面对的问题就是如何利用和消磨这些自由时间。体育活动既有利于身心，又有助于打发时间，自然会成为人们主要的选择。然而人们对活动的选择又是相互影响的，体育项目的流行机制之一就是这种相互影响作用。另一方面，人们求新求异的意识则使他们不断地放弃旧活动，追求新活动的动因所在，这是一个体育项目很快流行起来而后又逐渐消失的原因。当然，周而复始也是社会事物发展的一种规律性，休闲体育也是如此，也许一段时间之后，一种曾经很受欢迎但很快就消失的项目重新成为一种时尚，被另一代人所接受。

（四）时代性

休闲体育是在一定历史阶段和一定文化背景下形成和发展的。在不同的历史阶段，由于物质、精神文化的差异，人们的休闲方式也就有了很大的差异。而随着时代的发展，体育休闲活动也在不断地演进和发展。考察历史的发展进程可以发现，不论在何种时期，体育活动都有可能出现在人们的生活中，并逐渐成为人们所愿意参加的一种休闲娱乐活动。即使中世纪的欧洲在（5 世纪—15 世纪）神权统治下，也很难泯灭和抑制民众追求身体游戏的需要，儿童和少年则始终是游戏的先锋，他们把武士的打斗也变成自己身体娱乐的活动。当然，休闲体育活动毕竟是社会文明的表现形式，在许多情况下，与社会科学技术的发展水平密切相关。众所周知，相比于20世纪初，21世纪的大众休闲体育活动已经发生了很大的改变，现在的休闲运动常常与科技、物质的变革相结合，而以往的体育活动更多的是以自然的生理活动为主，比如室外锻炼。

（五）时尚性

德国哲学家和社会学家齐美尔指出，时尚满足了社会依赖性的需求，同时满足人类在社会中对“区别”的需求，也就是满足了分化、变化和独特性的需求。

在社会经济和文化空前发达的今天，参加休闲体育已成为社会潮流。人们不仅通过参加体育休闲运动来显示自己和某个特定阶级的平等地位，也可以通过这种方式来区分自己和某个特定阶级的不同。所以，时尚性是一种比较具有代表性的休闲运动特点。按照舍勒贝格的理论分析，参与休闲体育活动的人们和休闲体育本身完全具有现代时尚的几个重要的双重性特征。如休闲体育一方面并不在乎物质的和实际的东西，但又始终离不开那些具体的东西；人们对待休闲体育的态度也包括了积极参与和完全无所谓两种对立的情绪；人们总是想逃避责任却在休闲体育中不得不承担责任等。时尚性是社会事物与社会发展、社会需要相适应的一种典型特征。舍勒贝格所描述的时尚双重性包含了人们参加休闲运动时的动机、目的、心态和情感。如人们在进行体育活动时，总是要遵守活动的规则和方式，但在从事休闲体育活动时，人们却不愿意遵守这些活动规则和一些规范，因为这些东西多少形成了一种文化性的压力，而休闲活动恰恰是力图摆脱各种外在的压力。

（六）自发性

休闲体育是指人们在业余时间进行的一项自发的、以自我为中心的运动。它是一种纯粹的个人或团体的主观需要，在自己的自由时间内进行的运动，没有强迫的、被动的、非自愿的因素。在活动中，因为是主体出于自身愿望的需求，所以，它不但能直接满足身体和心理的发展需求，还能激发他们长期的参与热情，使他们能够更好地实现“需求—满足—更大需求—更满足”这种不断发展的良性循环中。

自发性是自觉意识的体现，特别是在社会高度发展的当今时代，休闲已经不只是劳动之余的休息和放松。随着自由时间的增加，休闲已经成为每个人的生活权利，成为个人生活的组成部分。在现代社会中，人们具有极高的自由意识，而在休闲时间里的活动正体现着人们支配自己时间的权利。

（七）层次性

层次性包括以下内容：一是参与群体的年龄层次；二是活动内容的难易层次；三是经济消费水平层次。这三种层次的划分有着十分重要的社会意义，表现了休闲体育研究的不同视角和内容。从一般意义上讲，不同年龄段人群的需求和兴趣是不同的，这些需求和兴趣会直接影响到他们选择的体育休闲方式。孩子们对某些新颖的个人活动感兴趣，如滑板、轮滑、小轮自行车等；青年人则爱好有一定挑战性和对抗性的活动，如足球、篮球、网球等；中年人对有品位的活动有一定的偏爱；而老人们更愿意参与有更多互动和交流的活动。在体育休闲活动中，一般以年龄为主导来进行分层，有时甚至是决定性的因素。内容的难度是完成活动所要求的技术标准高低问题，人们通常根据这些情况来选择体育休闲活动方式。该选择主要依赖于活动者自身的运动水平，而那些具有较高运动水平的活动者，往往会选择技术动作上有高难度的活动项目；而自身身体素质较低的人，则会选择不需要太多精力就可以做到的项目。

活动形式的经济消费水平与个体的社会身份、阶级特性紧密相关，表现出显著的社会性特性分层。一些体育休闲活动方式明显地属于高消费，参与者通常须拥有相当的财力，带有炫耀性消费的特征；而另一些体育休闲活动方式则可能对个人经济情况有一定的要求，既能显示个人身份，也能表现个人的运动能力；一些人更愿意选择那些不需要多少开销就能开心愉快地活动的项目，他们没有更多的钱花在休闲活动中，因此，他们也不在乎自己选择的活动项目被人家视为哪个层次。

许多形式的消费在刚开始时是奢侈的，随着社会的发展，这些形式的消费慢慢地大众化并逐渐成为必要消费的一部分。休闲体育同样也是这样的一种演化趋势，许多项目在开始时总是少数人参与的活动，在这样的情况下，这些项目或活动完全成为个人身份的标志。至少在一定时期中，这样的项目或者活动通常是一定社会阶层特属的，具有炫耀性消费的特征。如保龄球运动，在中国几乎是白领的运动，能否玩得起首先取决于参与者是否具有一定的经济实力。因此，在这段时期，保龄球成为一种区分社会阶层的活动。随着国内保龄球馆的增多，价格的大幅度下调，这种活动开始大众化，其原先所具有的社会阶层区分作用也就在大众化的过程中逐渐丧失，成为一般性的休闲活动。

除此之外，休闲体育还有个体选择性、竞赛性不强、以有氧运动为主以及有自主性、高度娱乐性、锻炼效果实效性、很强的社会性等特征。最大特点是活动主体的自由选择性、活动内容和形式的多样性以及活动效用的综合性，而且活动内容丰富、自由度大、随意性强、趣味性高、参与面广。

休闲体育是人们在工作、学习之余进行的一项体育活动，是人们闲暇生活的一项重要内容，可以在欢快、和谐的气氛中，通过各种形式的体育锻炼，达到增强体质、促进健康、恢复体力、调节心理、陶冶情操、激发生活热情、培养高尚品德、满足精神追求、享受生活乐趣的目的。休闲体育是一种与体能训练相区别的运动，它与竞技运动同样存在着本质上的差异。从当前国际发展趋势来看，休闲体育是当代体育发展的一个重要标志，它的普及和推广范围已经与竞技运动相媲美，并且有望成为一种新兴的体育力量。

休闲体育是人类努力营造的美好心灵家园，它是文明、健康、科学的休闲生活方式。既能使个人的生命健全，又能满足个人的需要，同时能对其形成健全人格有促进作用。不仅如此，休闲体育还能端正生活态度，帮助树立正确的道德观念。它能丰富人民的精神生活，提高人民的文化水平，改进人民的生活习惯，使人民的生活品质得到有效提升。

六、休闲体育的文化内涵

我们把文化分为广义和狭义两大范畴，广义上的文化是指人类在各种社会活动和在这些活动中所产生的一切结果，它涵盖了社会生活的所有方面，包括物质的生产和产品、精神的生产和产品，也包括各种社会过程和社会现象。狭义的文化是指与精神生产直接相关的精神生活、现象和过程，是一种与物质文化相对的精神文化，仅仅指的是人类的精神范畴，它由价值观、社会意识（观念）和道德三部分组成。文化既是人类特殊行为的积累，又是一种具有社会性质的概念，作为一种特定社会发展的产物，休闲体育是一种特定的社会文化现象。休闲体育的文化价值是指休闲体育活动的技术规格、形式，休闲体育设备种类、装饰、商标等各方面所承载和传达的信息属性，如人的精神、文化、心理等。休闲体育作为一种社会文化的价值取向，是当今社会发展的一个亮点，它涵盖了狭义文化的三个层面。

在一定程度上，文化可以被看作整体社会与个人思想的集合。文化是没有真实形体的，但同时也是实际存在的，文化活动以人为主体，人参与了文化活动的过程，同时表现形式上具有可操作的特点，文化的实在性便从中体现出来了。在休闲体育活动中，文化的表现形式既有人们对休闲体育的认识，也有与其有直接关系的器材和技术运动等。

（一）休闲体育意识

休闲体育意识是休闲体育文化的一种存在形式，人们进行休闲体育的目的是改善自己的生活品质，这种意识直接激励着人们对于体育休闲活动的参加，这与动物本能的身体运动有着截然不同的区别，是两种不同的行为动机。它既是个人意识，又是全人类社会体育观念的重大突破，是人类文明发展同时也是社会文化发展的重要里程碑，是文化在人们的行为意识中存在的一种方式。文化存在于人的休闲体育意识中，受人类所处社会物质文化生活环境的限制。人们对休闲体育的关注不多，对休闲体育的认识更是微乎其微，更不用说谈休闲体育文化了。而改革开放之后，随着我国经济的快速发展，多样化的生活方式层出不穷，人们认识到了休闲体育作为一种有效的途径可以提高生活质量，并逐步被大众所接受。

（二）休闲体育设备

在休闲体育活动中，文化的存在方式也体现在休闲体育的设施。休闲体育器材是体育休闲活动的基础，也是体育休闲文化的载体和传播工具。在社会经济高速发展的同时，人们对休闲体育器材的需求已不再局限于实用价值，而是对运动器材的美学和文化价值提出了更高的要求。人性化的休闲体育器材不仅体现了人文关怀，更彰显了它的实用性。因此，休闲体育器材也可以体现出人们的审美文化程度。休闲体育器材作为大众的审美文化载体，其内在的美学和文化价值表现在外在形态和色彩上。一种造型精致、做工精细的组合器材，比起传统的杠铃、哑铃之类的器材，能吸引更多的人前来围观，这不仅仅是因为它的实用性，更是因为它将美学文化融合到了它的设计和制造之中，让人在欣赏设备的同时，也能感受到运动的乐趣。

（三）休闲体育技术

从文化角度来看，休闲体育技术是休闲体育文化的一种外部表现，休闲体育强调参与者在休闲体育体验过程中所具有的娱乐元素，它的目的主要是使参与者的身体和心理上都获得快感，尤其是心理、精神上的满足。因此，休闲体育的规则并不像传统体育那么严格，且在技术规范方面的随意性也较大。技术规范主要表现在参与者容易掌握、参与度高、娱乐度强等方面。同时，为了满足参与者的身体和心理的需要，他们在技术上追求精彩与刺激。这些技术特征既有休闲运动技术本身所蕴含的艺术文化内涵，也包含竞技运动技术所展现的艺术文化和内涵。不管是健身操、街舞、体育舞蹈等音乐伴奏类体育活动，还是滑板、滑冰、滑翔、登山等非音乐伴奏类的运动，无论技术标准有多宽泛，都是通过对技术的理解和领悟，再加上身体和表情的表演，来体现技术的艺术和文化价值。所以，任何一种休闲体育运动都具有某种艺术文化，而休闲体育技术则是其文化载体与表现方式。

第二节 中西方休闲体育文化的发展现状

一、中国休闲体育发展现状

（一）中国休闲体育文化发展现状

1. 越发热爱休闲体育

与过去相比，现代人的健康意识发生了很大变化。在物质生活相对丰富的情况下，人们更加关注自己的身体健康和心理健康，特别是在当今的快节奏生活和高工作压力下，保持身体健康，无论是对现在还是未来几十年的高质量生活都非常重要。随着人们对健康意识不断提高，人们对休闲体育也越来越重视，同时体育消费在很大程度上得到了促进。面对紧张的工作，人们更愿意将时间和精力花在休闲、娱乐、健康等方面，以减轻工作中的紧张和压力，并通过各种休闲运动提高他们的生活质量。当然，也包含了对时尚运动的热情。不仅如此，人们也逐渐认识到休闲体育消费的重要性，并意图通过体育消费行为获得更理想的休闲体育体验，比如在更好场地条件或器材条件下运动。

2. 逐步完善相关建设

随着我国全民健身思想的不断深入和巩固，许多大型综合体育场馆和休闲设施得到了建设与完善，这大大提升了人们的休闲体育环境。虽然这种进步无疑是飞跃性的，但如果是与发达国家相比，这些体育资源的投入仍有很大不足。

3. 高度重视体育教育

鉴于休闲体育的诸多价值和功能及其普遍性，将休闲体育引入校园是大势所趋。休闲体育之所以有教育性，就在于休闲体育本身所具有的教育、健身和智慧等基本属性。“玩耍”是人类最基本的需求，也是学生和青少年的本性。因此，高校有必要充分利用这种天性，努力让学生通过“玩”来实现健身、与他人交流和团队合作的教育目的。现如今，许多体育院校已经建立了休闲体育专业及其相关课程，这将为我国培养一批集研究、引导和经营为一体的休闲体育综合性人才，以适应社会和休闲体育对相关人才的需要。

4. 内容呈多样化趋势

目前，中国的休闲体育发展迅速。在内容方面，它基于传统项目，并且大胆创新和拓宽。不仅有武术、气功、游泳、跑步等少量花费甚至没有花费的运动，还有需要特殊场地、设施和一定消费的现代体育内容，如家庭健身、网球、高尔夫等。此外，许多体育爱好者也开始参与西方休闲体育活动，如冲浪、攀岩、高空跳伞、热气球、蹦极等。他们希望通过这种令人兴奋和激动人心的活动来实现自我和回归自然。对应于休闲体育内容的多样化，自然在休闲体育产业中就需要与之匹配的多样化配套产品。例如，有专门的高海拔保暖服装、专业滑翔伞和热气球、专业的网球拍等。

5. 功能呈多元化趋势

休闲体育的功能是多种多样的，而我国的休闲体育因其本身的活动特性，在健身、娱乐、社交、文化等各方面都有着不同的功能。

6. 参与人员分层细化

近几年，参加休闲运动的人群在休闲活动的项目、场所、内容选择上存在着显著的差别，层次逐渐细化：社会管理人员的经济收入和休闲时间相对稳定，选择的休闲活动以群体性、娱乐性为主，主要集中在公共健身场所；高收入者拥有大量的资金和空闲时间，更倾向于选择高消费的运动项目，如高尔夫、保龄球、赛马等；以劳动和简单的技术来维持生计的蓝领，通常选择花费少、时间少、简单易行、效果好的活动；高龄离退休人员工作时间、收入稳定，对运动的要求较高，一般选择散步、门球、太极拳等有氧运动；没有固定收入的农村居民，多数会选择免费的运动，如象棋、跑步等，或在公共体育场地进行的运动项目。

然而，随着社会物质资源越来越丰富，过去只有高端人士参加的休闲体育活动也出现了有更多蓝领阶层的人士参与，如网球、保龄球、高尔夫、壁球等项目。通过这种方式，参与休闲运动的人们的分层细化的界限开始变得更加模糊。

7 活动领域呈自然化

现代城市的生活压力普遍较大，长期在高压力、快节奏的生活中奔波的人将会损害他们的身体健康和心理健康。人类必须是属于自然的“动物”，因此，只有回归自然，我们才能找到似乎已经失去的自我。如今，越来越多的城市人开始重新审视和理解这个问题。他们为了放松身心，都乐于短暂地离开城市的喧嚣，回归自然，感受人与自然的和谐，这是积极恢复身体的理想方式。因此，休闲体育活动中的登山、攀岩、降落伞、热气球等活动已成为人们远离城市，融入大自然的首选。

（二）我国休闲体育发展存在的问题

1. 大众认识不够深刻

虽然经过了大量的宣传和推广，现在对休闲体育有所认识的人也越来越多，但是从总体人数进行比较，不了解休闲体育的人数还是比较多的。人们对于休闲体育的认识，仅仅把它看作是一种休闲、消遣，而对于它的其他价值、功能等的认识却相对匮乏。另外，在经济发展水平较低的地区，居民对休闲体育的认识比发达地区要低得多。因此，今后要加大对休闲体育的宣传力度，使其在今后的发展中发挥更大的作用。

2. 设施服务滞后发展

近年来，在“全民健身”的倡议下，新建和改善了许多健身设施，包括休闲体育场馆和设施。但需要注意的是，与发达国家的标准相比，我国在体育资金的投入、体育场馆和设备建设等方面仍然存在较大差距。特别是人均体育场馆和设备的数据仍处于较低水平。为了更快地发展休闲体育，有必要建立和完善足够的活动设施和配套服务。否则，在没有这些物理实体作为保障的情况下，休闲运动的发展就会停滞不前。

3. 产业发展并不科学

随着我国休闲体育的蓬勃发展，许多资本都投入到这个领域。一时间，与休闲体育相关的产业实现了快速发展，这是一个非常可喜的现象。然而，与休闲体育产业的整体发展速度相比，相关配套管理的发展仍然缓慢，这使得休闲体育市场的管理更加混乱，各种休闲体育营销和服务标准各不相同。近年来，休闲体育产业的投资已成为我国新兴产业发展的热点。但是，由于相关管理部门缺乏统一的调控，一些项目没有正确把握市场需求。其结果就是导致项目结构不平衡，一些项目供过于求，引起了行业内的恶意竞争，造成了严重的资源浪费和低经济回报。从长远来看，它肯定会阻碍我国休闲体育产业的发展。

二、西方休闲文化发展现状

（一）西方休闲体育的发展概略

休闲体育之所以能在发达国家中率先出现并掀起潮流，是因为美国和西欧等发达国家除了周末之外，还有各种各样的假日。衡量一国经济发展水平的一个重要指标是劳动者除工作外的可支配剩余时间，剩余时间愈长，社会愈发达。然而，决定劳动者可支配时间最主要的影响因素仍然是生产率。

国外休闲运动的发展历史比较悠久，最早的一次有文献记录的运动是从希腊时期开始的。在 11—16 世纪西欧贵族的“骑士七技”中，有骑马、游泳、标枪、刺剑、打猎、下棋、诗词歌赋，其中很多项目带有一定的休闲特征。

现如今，奥林匹克运动会成为人类体育运动的盛会，奥运会中的各种比赛项目主要以西方竞技体育运动项目为主。体育运动的发展通常具有连带性的特点，即一个国家或地区的竞技体育运动较为发达，那么其也会促进其他体育形式的发展，休闲体育的发展程度就是如此。17—18 世纪，欧洲的一些国家出现学校体育，后来这些学校体育逐渐完善，这就为此后休闲体育的发展奠定了坚实的基础。到 18 世纪末，英国的休闲体育活动在大众中逐渐展开，此后这股势头传到了美国。而在美国，人们对休闲体育活动的痴迷程度显然更高，甚至在一些地方还专门创建了休闲体育俱乐部，如此不仅使得现有的很多优秀休闲体育运动项目被很好地传播，并且更多、更新颖的项目被创造出来。

进入 21 世纪以后，休闲度假的概念深入人心，人们非常乐于在自己的闲暇时间中安排感兴趣的休闲活动，其中很多就包括休闲体育活动。在信息化时代下，人们更多的工作是在办公室用计算机完成的，脑力劳动的强度一点儿不比体力劳动差。长期以这种形式工作可能会患上不同程度的“办公室综合征”，从而导致更多“文明病”的发生。除生理上的问题外，人们长期处在高压力、快节奏的工作中，不免心理也会生病，抑郁、焦虑、人格分裂等症状已出现。这种人体的亚健康状态的蔓延危害着个人和家庭，当人们也意识到这个问题的严重性后，便更期待在自由时间主动寻找身心放松之法。

（二）西方休闲体育发展实例

1. 新西兰的休闲体育

新西兰是一个岛国，有限的地理位置和特殊的地理条件使得该国的主要产业为农业和畜牧业。但新西兰为了拓宽产业领域，多措并举，开始在旅游业、森林业、园艺业有所建树。大多数新西兰人的生活节奏不是很快，人们的余暇时间比较多，得益于得天独厚的优秀自然环境与气候条件，新西兰人非常热衷参加各种休闲体育活动。在众多休闲体育项目中，最受人们喜爱的是形式多样的水上运动。由此可见，休闲体育生活已经成为新西兰人基因中的共同组序。

2. 英国的休闲体育

英国对休闲体育教育有着格外关注和重视。英国高校普遍以综合性大学为主体，设有体育系或学院，而不存在单独的体育院校。从专业配置的角度出发，英国大学根据自身的特点以及学生的现实需求来开设体育课程。其体育专业设置为体育管理与娱乐专业、休闲体育、娱乐管理、复合型体育四大专业。从以上的专业设置来看，休闲体育教育与其他专业是紧密结合的，并与身心愉快的理念存在着有机结合。体育课程与职业体育关系密切，使体育技术在体育教学中所占比例大大降低，而对体育教育的早期教育更为重视。

3. 美国的休闲体育

美国从很早开始就对休闲体育教育非常重视，并将休闲教育列入高中教育，以培养个人兴趣，发掘潜能并丰富学生生活。其中，以汤姆·迈肯兹休闲体育为代表的休闲体育教育模式，倡导对体育项目推陈出新，减少体育项目的参与门槛，调整相关的运动规则，加入一些休闲娱乐的休闲元素，让参与者的集体意识、协作精神、创新精神和团队精神在参与过程中得以培养，把一些体质和心理较弱的人群重新吸引到体育中来，真正实现全民健身，既可以增强体质，又可以增加全民体育的参与程度。

随着美国社会经济的不断发展，其休闲运动教育在目标设置、实施途径、设备管理等方面都有重大提升，并有许多值得我们学习的先进经验。它的教学方式更加强调了学校内外部的活动，以及对学生的体育休闲意识的培养。此外，美国的休闲体育教学也有很多室外拓展课程和理论课程，并与娱乐、旅游、管理等专业紧密结合，使其综合素质得到提高。休闲体育是美国人民生活中不可缺少的一部分，它对美国民众的生活产生了深远的影响。美国是一个体育大国，它在体育教学中始终坚持将休闲运动与体育教学相结合，以确保其生机勃勃。

三、中西方休闲体育文化差异

（一）发展过程

休闲学起源于美国，凡勃伦（Velble）于1899年出版了《有闲阶级论》，这就是休闲学诞生的标志。凡勃伦的研究与分析主要集中在经济层面，他把休闲看作是一种社会结构、一种人的生存和行为方式。在西方，休闲运动的发展态势呈“U”形曲线状。古希腊哲学家亚里士多德认为休闲是所有事物的核心，直到英国现代启蒙运动思想家斯宾塞出版《闲暇教育论》后，西方国家才开始重视休闲学的研究与学术地位。与西方休闲体育发展的历史相比，中国休闲运动的发展呈现出一种直线式的发展模式。中国的休闲运动文化尽管一直被封建独裁统治所压制，但它在民间的发展一直很稳定，其间从未中断，并为中国人带来了养生之道，如太极拳等等。直至中国首位真正从事休闲学研究的于光远先生提出“玩”的学问，中国休闲学的发展才真正进入了快速发展的轨道。与此同时，外国学者的研究也为中国学者的研究奠定了一定的基础和条件，因此我国有大量的关于运动休闲文化的研究与学习材料。

（二）认知

历史发展至今，中西方对于休闲运动的认识差异很大。在不同的文化背景下，文化认识在不同的文化表达方式和内涵中逐渐显现。休闲体育是中西文化在文化发展到一定程度后相互冲突的一种表现形式。

自古以来的中国传统农耕文化和宗教信仰，使得中国人形成了内敛的价值观，体现在运动文化上，即修身养性、健体娱乐，并没有较多的竞争性质。除此之外，儒家文化对中国的影响更是不容忽视，更是推崇于仁、义、礼等道德制约，中国传统体育项目武术则更注重“武礼”等准则。而以希腊文化为文化根源的西方，在“文艺复兴”和“工业革命”之后逐渐形成了以个人主义为主体的伦理文化体系。再加上西方人的冒险精神，使他们更加崇尚冒险、挑战自我的竞技精神，体现在竞技文化中，也就是对力量与速度有所追求的极限运动思想。正是因为文化背景的巨大差异，导致了人们对休闲体育的认识也有很大的不同。

中西方休闲体育在社会文化方面存在差异，中国对民族传统体育的重视程度较高，西方国家则对休闲运动的重视程度较高，篮球、足球、网球等西方休闲体育的发展也越来越受到人们的欢迎。这种休闲体育观念逐渐发展，形成了以自身为特征的休闲运动的文化根基。

中国在改革开放的同时，也给现代社会带来了新的变化。中国人重视“以人为本”的社会和文化，对以人的活动为中心的休闲运动重视程度也越来越高。美国知名的休闲研究者乔治·梅森和托马斯·古德尔都相信，中国人的休闲活动主要是“静”，而西方则认为“动”是主要的。休闲运动的发展充满了浓厚的人文色彩，体现了浓厚的人文精神与人文关怀。

（三）性质与内容

中国人参加的体育休闲项目的性质多以安静、和谐、修身养性为主，且形式多样、简单、省钱，最常用的运动方式就是练气功、下棋、种花、养鱼等，这些运动都有一个共同特点，那就是静。究其原因，在于大河流域具有丰厚的文化底蕴，而中国人则依赖于大河流域的农业生产，从而形成了一个安定和谐的生存环境。而西方人的性格就是勇于挑战和冒险，所以他们追求刺激，喜欢做一些对抗性强、刺激性高的冒险性质体育活动，比如摔跤、拳击、橄榄球、曲棍球、水球、斗牛、蹦极、赛车、跳伞、登山等。中国人的休闲体育内容以静态为主，而西方则多以动态为主要内容。中国人历来崇尚“静”，因此中国人习惯性地用“静”代替剧烈运动，达到修身养性的效果。中国人在外出旅行时，会选择静坐欣赏，从自然中汲取一种宁静的悠闲；中国人锻炼时也会选择一些比较温和的运动，以舒展身体，增强体质。这更加证实了中国人自古以来所提倡的“生活以静”的观念，甚至还有人认为，静中求动才是真正的休闲养生之道。

明朝文学家洪应明在《菜根谭》中也对中国人的“静”有所描写。他认为静中见事，闲中见事，方能出尘；处闹市中能清净，才是真正的安身立命之地，要想在动乱中保持平静，就必须在寂静中打下基础。由此可见，中国古人的人生最大的意义就是“静”，更别提中国古代的休闲体育文化，其发展和扩展正是从“静”中来的。

而西方人因为信仰哲学家伏尔泰的思想，认为生活是以运动为基础的，这与中国人的思想正好背道而驰，因此中西娱乐活动的动静存在着本质上的差别，从而导致了休闲运动的节奏和频率也有所不同。在西方，他们的休闲体育具有激烈对抗的刺激性特征，而中国的休闲体育更多地呈现出柔和轻缓的养生性特征。

总之，我国居民休闲体育的方法简单、容易，对场地的要求也较低，而且在经济上不会有多少投资。由于我国居民从事休闲体育的项目多以个体自发的简单体育活动为主，并不重视体育活动的强度和负荷，如气功、体育舞蹈、交谊舞、广场舞等，主要参加人员为中老年人和女性。美国人的运动强度比较大，竞技能力比较强，对场地的要求也比较高，很多娱乐项目都是有着对金钱的较高需求，比如高尔夫、网球、滑雪、赛车等。

（四）功能

休闲体育的文化功能是指体育休闲活动对人的影响，在这一问题上，中西之间也有很大的差异。西方的休闲运动注重人的个性，推动人的发展，追求具有冒险精神和挑战精神的运动，以达到个人的最大价值。西方人追求快乐和幸福，为了身心愉悦，他们愿意付出任何代价，哪怕是生命也在所不惜，因此，他们选择了高空跳伞、蹦极这种充满了风险，却又十分刺激的娱乐项目。而西方人拥有挑战、征服、对抗自然的价值观念，所以他们也经常借由与自然的对抗来张扬自己的个性，如滑翔、赛车、高空滑翔等。西方人并不否定这些运动项目的风险性极高，但从另一个层面来看，项目本身的风险性和参加项目来体现出的自身价值成正比关系，正是这一特点让这些休闲体育项目能够吸引人不断地参加。然而，风险性高则意味着其背后的凶险程度，欧洲每年都会有数百名登山者不幸遇难。职业登山运动员却认为这是一种尊严，即使它异常凶险。中国休闲体育注重对精神世界的挖掘，强调内省。很多中国人都相信，休闲运动最大的作用在于调节心情、增强体质、获取身心的快乐。中国人自古以来就有一种观念，认为休闲活动最主要的作用就是“修身养性，陶冶情操”。中国人的休闲是为了挖掘自己的内在，寻求一种宁静、丰富、与自然相融的内在境界。更有许多中国人坚信运动休闲的终极目标是与大自然融为一体。真正的休闲之道正是投身于大自然，在大自然中营造出一种更为美好宁静的精神世界。在中国人的价值观里，要达到人与自然的天人合一，全身心投入到自然的宁静与和谐之中，这就是休闲运动所能达到的最好效果。从而在中国的休闲体育文化中产生了一种特殊的健身效果。还有一点区别，就是西方人在运动和娱乐上依然会有大量的物质享受，中国人则把工作和娱乐区分开来。比如美国百分之六十的人都是做服务行业的，他们觉得人生就是为了享受，哪怕是在工作之余，也会将自己的娱乐活动最大化，甚至有人会贷款享受，这也是为什么西方国家会追求金钱和享受。

西方体育文化的功能结构是以商品化、专业化为基础的，追求更快、更高、更强的竞技体育，其发展迅速、效益显著，且经济、政治等因素的不断增加，使得西方体育的发展轨迹愈加偏离了体育强身健体的本意。因此西方体育文化在个人和社会功能、内部和外部功能上，表现出了明显的分离趋势。而中国的体育文化，是一项保持着原始色彩的养生运动，其魅力仍然在于其自身的作用和社会作用，内部和外部的功能相结合。

西方体育注重体魄的强健和肌肉的美感，强调身体的外在力量和动作。因为很多运动都需要大肌肉群的参与，而且肌肉的运动也比较剧烈，所以他们崇尚训练力量、速度、耐力、柔韧等综合素质。它与西方体育追求更高、更快、更强，追求竞争对抗和不断自我超越的价值互补。而中国的传统体育，比如武术，讲究的是修身养性，特别是“养”与“修”，在锻炼的过程中，讲究的是全身肌肉的舒展，而不是肌肉的强弱，中国的体育文化始终坚持人与自然的和谐，人是自然的一员，最后要与自然融为一体。

（五）亚文化

亚文化也被称为小文化、集体文化或副文化，即一个文化群体的附属团体的成员所共有的独特的价值观、思想和生活方式。这种与主流文化相应的非主流的、局部的文化现象，是指在一个特定的区域或群体中的一种特殊的思想和生活方式。某一种特定亚文化的内涵，除了具有与主文化相同的价值和思想外，还具有其自身特有的价值和思想，并会渗透到主流文化之中。而这种独特文化，通常是在不同的文化背景下，由不同的文化所影响而形成的。

休闲体育亚文化是指参加休闲体育活动的人群所形成的一种特殊的群体文化。比如西班牙的斗牛比赛，不但使我们领略到了斗牛选手的精湛技术，而且也领略到了西班牙人的传统斗牛士精神。此外，在西方社会，大多数非职业休闲体育爱好者，例如滑翔、赛车、攀岩等运动的爱好者都会在闲暇之余花费大量的时间去做自己喜欢的休闲运动，设立拥有特殊标志和专业术语的社团，并佩戴只属于他们团体特有的标志和徽章，穿上专门的服饰和装备，以显示他们是一个特殊的团体。这种亚文化的团体自然地出现，并在这种自发组织下不断发展壮大，使得西方的休闲体育文化从一个单一的文化到一个复杂的、多元化的新的文化，随之产生了相应的文化观、价值观和人生观，使得体育的发展变得多姿多彩。这些新的文化观、价值观、人生观等观念的出现，使这个社会更加丰富多彩。

与西方相比，中国的体育休闲亚文化发展速度则缓慢了许多。这与中国人所参加的休闲体育活动的内容和方式息息相关，同时也与中国人的内向性格有着密切的联系。首先，中国人所参加的大部分休闲活动都是由个人来完成的，并不要求以群体为单位进行扩展和充实，而是以个人的消遣休闲来实现自己的目标。缺乏稳定的团体对亚文化的形成是极其不利的，亚文化自然也就没有那么快地得以发展。第二个原因是中国人天生就有一种内向、温顺的性格特点，通常情况下不会自发地形成组织或群体。

亚文化现象是推动休闲体育整体传播和发展的催化剂。休闲体育有着数不胜数的不同方式，而在任何一种休闲体育方式中，都有很多人愿意花费大量的时间和精力去参加。比起参加其他的社会活动，他们更热衷于参加休闲娱乐活动，因为可以获得在工作和其他活动中无法获得的身心上的满足和愉悦。而在西方，他们会不断地积累体育知识，不断地推广和支持自己喜欢的运动，这些行为都会使得新的职业或行业诞生，也会让他们变得更加富有创造力和魄力。这种亚文化休闲体育文化团体的行为，既是为了寻求自己的快乐与享受，也是为了吸引更多有兴趣的人参与进来，如此一来群体便会不断地得到扩充。然而需要我们必须关注到的是，如果不正确地引导这些亚文化团体，将会引发如暴力等严重的社会问题，而这些问题很有可能导致社会不再和谐稳定。例如美国、日本等经济发达的国家，由摩托车爱好者自发组织起来的娱乐团体，大多发展成“飞车党”，对社会造成了很大的危害，甚至对当地居民的生命与安全造成了很大的威胁，这就是亚文化没有得到适当指导的后果。然而，我们并不能因此而直接否定休闲体育亚文化的价值与作用，而应从辩证的角度去认识、去学习、去引导、去借鉴，使休闲体育亚文化得到持续发展。除了休闲体育亚文化具有这样的群体组织作用，其他社会活动同样具有相似的作用。相对来说，休闲体育亚文化以体育为媒介，以运动为载体，扩展运动，扩大技术，从而将更多的人吸引到体育运动群体当中来。在空闲的时候，可以让疲惫的头脑得到短暂的调整，并通过运动来使身心愉悦，这一群体的组织功能因此成为社会体育和娱乐的一个主要内容，也是休闲体育文化发展的一个巨大潜力。

（六）教育不同

任何体育运动都必须在教育中得以延续与传承。休闲教育起源于古希腊，经过漫长的历史长河发展到今天。休闲体育教育已成为我国学校体育教学的一个重要内容，目前国内众多体育高校已经开设了休闲体育的本科学科。然而，中西方在休闲体育教学的内容与方法上仍有许多不同之处。在中国，随着社会经济、文化和科技的飞速发展，人们的休闲时间不断增长，对休闲教育的要求也越来越高，并不再受限制于学校教育。《全身健身计划纲要》的出台与实施，证明了我国全民健身的普及，它表明了人们通过休闲来陶冶情操、修身养性的健康意识正在增强，休闲活动也愈加科学化、系统化，人们追求的是高质量、高水平、高品位的休闲活动。因此，休闲体育教育的重要程度不可忽视。中国教育部于2002年发布《全国普通高等学校体育课程教学指导纲要》（以下简称《纲要》），首次将“终身教育”作为指导思想提出，并在一定程度上扭转了我国传统体育教学观念相对落后、教学方法相对落后的弊端，使其重新焕发了活力。同时，在我国的学校体育中，也提出了终身体育、健康教育等教育理念，其中“阳光体育运动”则是在学校里进行推广，既可以促进体育休闲教育的发展，又可以帮助学生们在休闲体育运动中缓解心理压力并调整自身状态。

西方提出休闲教育的时间较早，早在20世纪20年代，美国便开始流行休闲教育，英国、法国等西方发达国家也都把休闲教育列为必修课程。在西方，由于社会倡导去享受人生和挑战自己，于是人们开始思考如何去寻找休闲技巧与方式。美国的休闲运动教育在全球处于领先地位，美国“国家娱乐和公园协会”曾经针对幼儿园到十二年级的学校里的休闲教育提出“八条目标”，他们会让学生意识到休闲对人生品质的影响，而休闲作为一种自我价值的重要组成部分，需要学生学会识别、了解和评价已有的休闲资源。休闲教育的内容很多，包括智力的提高、玩的能力、审美的鉴赏力、价值观的判断、心理承受能力、社交能力等。在西方，休闲运动已经成为一种普遍的社会活动和行为模式。把运动与休闲教育有机地结合起来，是发展休闲运动的一种重要途径和途径。休闲运动是当代社会发展的必然要求，也是当代青年的必修课。因此，要做到有组织、有计划、有目标地进行休闲观念与价值观的培育，才能真正推动人的全面发展。

四、中西方休闲体育文化的共同发展

（一）借鉴西方休闲体育文化

20世纪60年代以前，西方的休闲学者把注意力集中在都市休闲问题上，而在60年代以后，他们开始从哲学、社会学、心理学等角度来研究和探讨休闲与休闲运动的本质与内涵。

古希腊人民为了满足宗教信仰而修建公共建筑，同时也折射出古代西方对体育的热爱。但是，罗马人认为休闲是一种劳动的适应性状态。在罗马时代，人们普遍认为休闲是一种消费主义，这一观念最显著的体现就是建造大规模的公共建筑。然而，从社会发展的观点来看，希腊、罗马时代的娱乐场所的建立，对于丰富当时乃至近现代人们的休闲体育活动和休闲观念都存在着不容忽视的正向作用。

西方的休闲体育发展可以说是独特的。第一，在西方发达国家，人们对于休闲有着强烈的认同，在他们的日常生活中，休闲体育活动始终是一个不可或缺的组成部分，整个社会把满足人的娱乐享受和保障人的身心健康发展作为发展休闲体育的主要价值取向。第二，西方许多国家都注重对自然资源的开发，通过提高土地利用率来拓展开发休闲体育空间运动。西方国家重视对居住区域以外的自然资源的保护与利用，强调利用森林、海洋、山地、湖泊等自然资源进行休闲体育活动，确保体育休闲活动的场所和空间。比如，人们可以休闲土地上进行各种休闲体育项目，如徒步、钓鱼、打猎、登山、游泳、滑雪等。第三，在西方国家，海洋、山地、森林、公园等休闲体育活动载体多种多样，是大众进行休闲体育活动的主要载体。尤其是在发达国家，公园是一种重要的休闲体育场所。从 20 世纪 90 年代开始，世界上许多国家的公园体系都为民众提供了体育休闲服务。第四，丰富的西式活动，以户外项目为主要内容。在西方国家，休闲体育的内涵非常丰富，除城市的健身、娱乐、竞技等休闲体育项目外，还有滑雪、野营等休闲娱乐项目，因其休闲的特点而成为西方社会的一项深受喜爱和追捧的娱乐项目。第五，西方国家在基础设施方面加大了资金的投入。国外的群众体育发展得比较早，由于人口不多且近年来仍持续大力投资，各种体育设施愈发完善，为体育休闲事业的发展创造了良好的条件。美国也制定了法律，让美国的居民拥有高质量、充足的休闲场所和设备。

（二）发扬中国休闲体育文化

从休闲体育的历史发展来看，休闲运动已经成为人们健康生活方式中不可或缺的一部分。随着参加休闲体育活动的人越来越多，休闲体育活动的内容也越来越丰富，对体育整体的发展也起到了推动作用。

中国历来都相信，休闲体育的最终目的是使身心达到完美的境界，而西方国家则更为开放、先进，随着中国文化的不断发展，西方休闲体育的思想也正逐渐融入中国的传统思想之中，从而形成具有中国特色的健身理念。同时，中国也在借鉴国外休闲体育成功的经验，进而打造自己的特色，推动中国休闲运动的长远发展。

而中国休闲体育在追求自然、和谐、宁静的同时，其静中求动的精神是其他任何文化所不具备的。中国要充分发挥中国传统休闲文化的特色，在世界范围内推广更多的中式休闲体育，比如气功、武术等。在推广我国传统的休闲运动文化的同时，借鉴国外的先进经验，必将促进我国休闲体育事业的全面发展。

中国人的价值观、人生观和世界观不同于西方，导致中西方体育文化的不同，中国的体育文化具有其自身的历史和文化特点，比如围棋、太极拳、气功、养生术，而西方则是竞争性和刺激性强的极限运动。中国的休闲体育多以修身养性为主，而西方则追求体形优美、肌肉发达的体态美感。中西方对美有着不同理解，并对体育的作用存在着不同认知，因此对人体的建构观念也有很大的不同，从而造成了中西方体育休闲观念的不同。不同民族、不同国家有着不同的文化与历史，这必然会孕育出不同的体育休闲观念，因此，中西体育活动呈现出不同的形态。若能认识这些差异，便能从中西方文化的差异中发现中国休闲体育的发展之道，同时，对丰富国际休闲体育文化、预测和促进世界休闲体育文化的发展，也有着十分重要的理论和实践意义。

纵观社会发展的历史，不同文化必须互相学习、吸收，才能共同发展、共同进步、共同繁荣。体育运动没有国界之分，而且，在世界范围内的多元发展中，运动文化也在逐步融合，并形成了一种世界性的运动文化。中国体育文化与西方体育文化同属世界体育文化，皆是世界体育文化不可或缺的一部分。若能把中国休闲体育的静态特征与和谐宁静、天人合一的理念融合到世界休闲体育文化中，既是一项艰巨的任务，同时也是取得胜利的关键。而西方休闲体育中的冒险与刺激也是休闲运动不可或缺的要素，因为这正是竞技体育的核心。

有机结合双方的优势与特色，并充分利用双方的长处。中国传统体育的封闭性、传统性在某种程度上正在被西方体育所接受，同时中国体育文化也受到西方体育文化的影响，逐渐具有开放性和自由性；以奥林匹克主义为主导的西方体育理念，如“和平与友谊”“平等地公平地竞争”“体育为大众”等，都被中国体育所吸纳。

从中西休闲体育文化的比较可以看出，中国休闲体育文化由于其自身历史发展，出现了与现代社会不相适应的缺陷，但不可否认的是其同时具有其独特的优点。建立休闲体育文化制度与标准，并将其与国外的优秀经验与精华相结合，根据自身特点，对中国的休闲体育文化进行一次有效的改革，使之朝着国际化的方向发展。

当今时代走上了全新的高速发展道路，全球化得到迅猛提速，人们的生活水平正在不断提高，休闲运动随之繁荣起来。由于历史发展、文化传统和价值观念等存在差异的原因，中西方的休闲体育文化呈现出各自的文化特色，这些不同的休闲体育文化皆是世界休闲体育文化中重要的组成部分。

中国与西方的休闲运动存在着很大的不同，这是因为中国的封建制度导致了中国人的自我封闭，中国人不崇尚竞争，从而对天人合一的和谐休闲文化有着追求；而在西方，个人的生存和与大自然的抗争是必不可少的，这也是他们敢于挑战、敢于冒险的原因。然而，历史并不能说明今天，时代在不断发展，传统的休闲体育正向现代休闲体育发展，并逐渐形成了当代的休闲观念与休闲文化。中西传统休闲文化的差异，为中西休闲体育的融合与补充创造了条件与空间。因此，我们应当从辩证的角度正确地看待中西休闲运动文化之差异，并将两者融合在一起，既要大胆地汲取西方休闲运动的精髓，又要勇于摒弃我们体育文化的糟粕，继续发扬我国优秀的休闲体育文化，推动整个休闲体育文化的发展与进步。

第三节　休闲体育文化的创新路径

一、休闲体育文化的创新策略

（一）结合全民健身运动

党的十六大将全民健身制度列入全面建成小康社会的战略目标，要大力推行全民健身计划，建设多样化的体育服务体系。这与《中华人民共和国国民经济和社会发展第十一个五年规划纲要》所提出的逐步形成覆盖整个社会的、较为完善的公共文化服务体系的发展目标相吻合，对体育在我国社会全面发展中的地位与作用给予了高度的肯定，并将其具体到全面建成小康社会的重要内容。同时，将休闲体育和全民健身相结合，也是目前我国体育社会价值的具体体现。休闲体育将以其独特的形态与社会价值，构筑起全民健身的新平台，为全民健身运动的可持续发展提供了创新的动力，为人们的小康生活开辟了新的视野。

目前，在休闲的物质基础和时间条件日趋成熟的今天，人们对休闲的价值认识存在着局限，科学的健康休闲能力与日益增加的休闲需要之间存在着矛盾。一部分人觉得休闲就等同于休息和娱乐，甚至是无所事事，还有人觉得休闲即是消费，再加上休闲体育产业大众传媒和商业组织的影响，人们要么购物，要么组团旅游，这都是被他人操控和影响的结果。从这一点上可以看到，要想实现休闲体育社会价值，就需要根据自己的兴趣和个人条件，积极投身到全民健身活动中来，把休闲体育和全民健身相结合，使得人们积极参与科学休闲活动。

因此，在今后的休闲体育发展过程中，要针对性地采取相应对策，以促进大众对休闲体育的了解和参与，让体育运动成为大众科学健康休闲的一种重要内容和方式。

第一，国家和各有关部门对全民健身活动给予高度的关注，在政策制定、管理、技术指导等方面大力支持自发的大众休闲体育组织，以吸引和引导更多的人参加休闲体育。随着全民健身运动和休闲体育的发展和完善，人们不再局限于休闲体育的时间、地点、场所和组织形式，更多的人开始自发地选择适合自己的娱乐方式，以家庭、朋友、同事、自发组织等形式来进行。诸如此类的休闲体育活动正在成为群众体育活动的主体。

第二，有机结合休闲体育管理、服务等与现代人的生活习惯特征，把休闲体育活动与现实体育活动的需要紧密联系在一起。

第三，在休闲体育活动中，要与我国的传统体育活动相结合，体现出我国传统体育的特点，使其具有弱竞技、强娱乐的休闲价值。与西方现代体育相比，更符合我国民族文化与个性，在开展我国休闲体育的道路上，提出符合国情的好方法。不仅如此，对中国传统文化进行传承与发扬还要以科学、健康地休闲为前提。

（二）结合社会流动发展需求

社会流动是指社会成员在社会交往空间内由一种身份到另一种身份的移动。广义的社会流动是指个体在社会中的地位和角色发生变化；狭义的社会流动，更多的是指人们的职业状况产生转变。改革开放后，中国的社会各方面都发生了巨大的变化，其中一个显著特征就是社会流动性的加强。随着劳动制度、人事制度、户口制度的改革，社会的流动渠道越来越多，人口越来越多，流速也越来越快，其流动的特点主要有两个：第一，所有制结构的多元化和产业结构的调整，导致了社会成员的大规模、整体的迁移，农村劳动力大量向工业转移，城镇劳动力逐步向高新技术产业的生产和加工企业以及相关的管理服务等职业流动；二是由于农村人口向城市的流动、农业劳动力的大量过剩以及我国经济持续高速发展的客观需求，使得农村人口的城市化流动已成为当今社会流动的一个重要特点和发展趋势。这一流动促进了社会经济的发展。我国经济社会改革正在不断发展和深入，经济和社会发展必然会对社会流动提出进一步要求，同时也是经济与社会和谐发展的客观需求。因此，休闲体育的发展必须与社会发展的要求相协调，以满足社会的流动性要求，为以后的社会流动创造更好的环境。

在休闲体育发展过程中，我们应该多多关注流动人口中最大的流动群体——农民工。由于社会改革的滞后等原因，导致了农民工在城市生活中的地位不平等。因此，在开展休闲体育时，要特别关注该群体对休闲体育的需求及特征，并为其提供符合其休闲需要的运动项目和服务，为其积极参加体育活动创造有利条件。

随着我国经济体制的改革，特别是以公有制为基础的多种经营方式，越来越多的国企工人向合资、独资和民营企业的流动，造成了原有的职工体育运作模式的不适应。所以，应当根据当前社会流动性的现状，有机结合休闲体育和新形势下的职工体育，建立更加灵活、更加多样化的职工体育俱乐部，使人们积极参与社区休闲体育活动，从而更好地满足社会流动的现实需要。

（三）结合社会主义新农村建设

农业经济的发展是建立社会主义新农村的重要条件，其打下的物质基础是新农村建设的重要保证。与此同时，随着农业机械化水平的提高，农民的休闲时间逐渐增多，人们对休闲活动的需求也越来越大。而积极、健康的休闲方式的缺失，使得赌博、迷信等不科学活动得以滋生，这与新时期新农村建设的文化内涵大相径庭。而休闲体育在新农村建设中，应该以其特有的健康价值和科学的、积极的生活方式来实现其社会价值功能。《中央关于推进社会主义新农村建设的若干意见》中明确指出，要大力推进农民体育健身工程。该工程是社会主义新农村全面建设的重要内容，开展广泛、深入的休闲体育活动正是全民健身理念的具体体现。通过体育健身、体育竞赛等多种科学、健康的体育活动作为载体，可以有效地增强乡村的凝聚力，提高新农村建设的向心力，这极大地推动了社会主义新农村建设中科学文明的农村新风尚和全民团结奋斗的共同思想的推崇和建立。所以，把休闲体育和社会主义新农村建设有机地结合起来，是我国农村体育发展的必然趋势。

第一，社会主义新农村建设既促进了农民收入的增长，也促进了农民养成积极健康的生活态度和生活方式。在发展农村休闲体育时，要贴近农村、贴近农民、贴近生活，以适应农民的实际需要，以一种常态化、生活化的运动形式，使广大农民广泛地参加休闲体育健身活动，来增强体质、抵御疾病，以健康的体魄投入到社会主义新农村建设中。

第二，新农村内涵是指提高乡村文明水平、提高农民文化素质、弘扬社会主义精神文明的道德价值观。因此，作为建设乡村精神文明的一个重要阵地和载体，要通过开展丰富多彩的休闲体育文化活动来促进社会主义文化的发展，要大力倡导社会主义荣辱观和道德观，以健康、积极的休闲体育为载体，培育健康文化，抵制腐朽、落后文化，是新农村建设过程中共同的奋斗目标和价值取向。

第三，在新农村休闲体育发展中，充分发挥民族传统体育的作用。中国传统民俗体育以休闲娱乐为主要价值观。古代民间体育休闲娱乐的特点，主要表现为其游戏的竞技性和与传统的体育娱乐相结合。在新的历史条件下，面对广大农村居民的休闲娱乐需求，我们必须认真思考，将其发扬光大，为广大人民群众提供服务，从而形成一个具有中国特色、多元一体的民族休闲文化，同时也是中国民间体育现代化发展的一种文化自觉。

第四，重点关注农村休闲体育中的民俗节庆等特点。节庆是我国农村传统休闲文化的内在根源，也是农村休闲文化的重要表现形式。它为人们提供了一个很好的集中休闲机会和场所。我国的民间体育活动自古就与各类民俗节庆和休闲活动相结合，如元宵节观灯、踏歌、舞龙、舞狮，端午节竞渡，重阳节登高，蒙古族那达慕大会，侗族花炮节的抢花炮，傣族泼水节的龙舟比赛，黎族三月三的跳竹竿、荡秋千等。充分了解和运用农村民族节令，进行各种形式的体育活动，既能将农村体育与民俗传统相融合，又能在现代社会发展的大环境中促进民族传统体育文化的传承。

（四）结合和谐社会阶层建构

随着改革开放和社会主义市场经济的建立，社会阶层由工人、农民和知识阶层所组成的双阶级单阶层的社会结构，转变为国家和社会管理、专业技术人员、产业工人和从农者等十大社会阶层。同时，由于社会阶层之间的贫富差距越来越大，社会资源逐渐积累到了上层，从而导致了不同阶级间频繁出现矛盾和冲突。在未来一段时间里，我国休闲体育发展有一个必须解决的难题，即在社会阶层存在较大贫富差距的背景下实现社会的公正与公平，这同时也是我国社会发展的重要难题。目前休闲运动在发展过程中也遭遇了阶级分化带来的消极影响，例如，由于消费主义的渗透，富裕阶层往往会选择高档的运动消费，来表现自己与下层阶级的差异，而休闲体育则成为一种以消费为基础的娱乐方式，逐渐沦为无法离开消费而单独存在的商品经济的附庸，这对休闲体育发展来说是极其不利的。所以，应根据我国目前的社会阶层分化状况，制定相应的对策，既能使我国的休闲体育发展更符合我国的实际情况，又能更好地利用休闲体育发展的方式，把服务对象的全民性、分享发展成果的广泛性作为根本目标，为实现更大范围的社会公平正义做出贡献。

第一，在发展休闲体育时，应当提倡“平等、公正”的休闲观念。在社会生活中，人们的社会角色不尽相同，也就是一系列符合特定社会地位和身份的权利，这些权利的标准和形式也各不相同。社会角色的定义与其社会经济地位、政治地位密切相关，从而导致社会阶层的不同，进而使得社会歧视出现。在休闲体育活动中要提倡体育爱好者和参与者以平等的社会角色参与进来，并遵循相同的运动规律。这一社会角色的转变，有助于消除社会阶层间的差别与歧视，使休闲体育更具公平性。特别是在构建社会主义和谐社会的大背景下，开展休闲体育显得尤为迫切和重要，因为这不仅对个人的进步有促进作用，同时也有利于社会和谐。

第二，充分考虑到社会上处于不利地位的弱势人群对休闲体育的需要。如老年人、残疾人、下岗职工等。在体育设施布局、体育服务、体育教学等方面，充分考虑弱势人群的生理、心理特征，发掘、充实相关休闲体育活动，使其成为体现社会公平、促进和谐发展的有效途径和载体。

第三，充分考虑到社会各阶层对休闲体育的需求特征，将其体现在休闲体育的规划中，为各阶层的休闲体育创造条件和环境；针对不同阶层的休闲需要，发展休闲体育产品，开展休闲运动服务。在发展休闲体育时，应尽量避免往少数社会阶层的贵族道路前进发展。

第四，要充分发挥政府在发展休闲体育中的主导作用，体现其作为公益性质的体育活动主体，加大对公共休闲体育场所投资力度，增强政策法规的针对性和可操作性，实现学校、机构等公共休闲体育设施资源面对社会所有阶层的共享。同时，积极运用税收等经济手段，促进体育经营活动对特定社会阶层的优惠或免费开放，从而为社会各阶层提供积极参与休闲体育的条件。

（五）结合学校体育

近些年来，我国针对学生体质状况进行了多次检测。历经多年对检测结果的分析表明，我国学生的体质健康状况逐年下滑，在身体素质指标中，耐力、肺活量、弹跳力、柔韧性等指标下滑严重，学生患近视的比例居高不下且仍旧有上升势头，而且近视越发向少儿化发展。此外，患有肥胖症的学生数量也在攀升。学生体质下滑的现象已经得到全社会的关注。

目前，导致我国学生体质状况下滑的因素较多。尽管提倡素质教育和给学生减负的精神逐渐落实，学生获得了更多的课余时间，但通过调查和观察发现，大多数学生的课余时间并没有用来参加体育健身活动，而是参加了课外补习班或是艺术培训。这些活动占用的时间都是学生应该用来锻炼身体的时间，学生所处的年龄段正是身心发育的高峰期，缺乏锻炼必定对学生的身心健康成长产生不利影响。实质上，这个问题是学生所需要的积极休闲能力需求和社会需求相脱节，这点在现今我国的城市教育中非常显著，而休闲体育在解决这一深化素质教育中出现的发展性问题有着独特的教育和社会价值。休闲体育本身具有娱乐性和教育性的特征，特别是其具有的寓教于乐和放松身心的特点使得这与素质教育所提倡的理念非常契合，并不能认为学生参与到休闲体育运动当中只是一个玩耍的过程，是浪费时间。学生在活动过程中也可以获得不同层面的教育，以及更加多元化地了解这项运动乃至社会的运行规律，这个优势不能被忽视。

为此，在今后的学校体育发展中，应该切实本着“以学生为本”的宗旨，引进适合学生开展的休闲体育运动项目，让休闲体育活动成为践行教育新理念的良好渠道，从而对学生的身心健康成长和打造健全人格提供帮助。因此，在将休闲体育与学校体育相结合的工作当中应该从以下方面着手：

1. 优化体育教学内容

目前，我国学校现有的教学内容多为一些较为流行的竞技体育运动。为了使休闲体育与学校有更为紧密的结合，应该对学校体育教学的内容进行优化，增加一些具有休闲性的体育活动，既可以使学生在运动中积极参与，享受体育的乐趣，也可以使休闲体育和现代体育课程的内容相结合。现实中，已经有很多学校将一些有趣的休闲体育运动引入了体育课堂当中，如健身气功、太极拳、定向运动等。休闲体育和体育课程内容的相互整合，意味着践行体育教育新理念已经不只是在喊口号的阶段，而是落实在行动当中了，这是对学生个性的尊重，满足了学生的兴趣需要。

2. 培养休闲运动意识

这里首先需要说明的一点是，学校体育教学始终只是一种培养学生运动意识和掌握基本运动技能的手段，而通过这种手段的实施想要获得的结果是培养出具有完善人格和身心健康的学生。由此可知，培养学生参与休闲体育活动的意识，将这些活动与学生的身心特点、兴趣爱好结合起来，如此会更加激发学生乐于参与这些活动的意识，自觉将自己的业余时间合理安排，给休闲活动以必要的时间，特别是将他们从电子游戏中“解放”出来。

3. 建设休闲体育场所

学校中的体育资源相对集中，但随着就学的学生越来越多，体育资源仍旧捉襟见肘，更何况是本来就不多的休闲体育资源。为了能够将休闲体育与学校体育有机结合，学校需要在合理规划的情况下建设足够的休闲体育活动场所以及完善相关设施，这是开展休闲体育活动的基本保障。当然，建设相关场地设施需要花费不菲的资金，在开始运营后可以适当收费，但对于学生来说价格不应过高，否则会打击学生参与的积极性。为了解决这个问题，还可以通过挖掘社会公共教育机构场所的校外教育潜能的方法，积极发挥社会公益价值，力求合力解决学校中缺乏休闲体育场所的问题。

二、休闲体育文化的创新措施

（一）加大宣传力度

休闲体育是文明、健康、科学的生活方式的重要内容，休闲体育的发展会影响人们的生活方式、生活品质，同时有利于提高人们健康水平，各级政府机关要加强宣传休闲体育，充分利用广播、电视、报纸、书刊、文字、音乐等媒体进行引导性宣传，使广大群众在闲暇时间积极参与休闲体育活动。

（二）加大资金投入

首先，在加大中央和地方财政投入的同时，还要拓宽财政途径，鼓励民间资本投入，并通过各种途径来筹措建设资金。其次，将体育中心列入城市整体规划，在新老小区附近的公园、广场等区域内修建健身场地，为市民提供良好的体育锻炼环境。最后，要依法保障体育用地的安全，对侵占体育场地的行为进行严厉的处罚。

（三）加快学科建设

要在各级学校设立休闲体育相关课程，促进休闲体育的快速发展。研究显示，参与户外运动是进行休闲体育最好的方式，其对生活影响的持久性是保持兴趣的决定性因素。所以，应加强对青少年学生的休闲体育教育，让他们在较小的年龄养成休闲意识，做到充分利用周围的环境，体验休闲体育活动的快乐。各级政府机关要建立休闲体育研究组织，发布各类休闲体育期刊。除此之外，还应组织有关专家学者编辑出版体育技术、卫生知识和休闲娱乐活动的书籍、画册、音像制品，以满足人民群众对休闲体育活动娱乐、实用等方面的需要。同时，应加大开发和设计休闲体育用品的力度，以生产出满足不同需求、拥有不同功能且价格合理的健身用品。

（四）转变消费观念

体育是一种生产性事业，在市场经济的背景下，一些体育服务将会进入市场流通，并最终转化为商品。它的经营和运营都是按照商品流通的规律进行的，且在体育活动中，建立以销售体育服务为主的体育市场，并能带来一定的经济利益。所以，要彻底改变把体育当作纯粹消费活动的思维方式，运用市场经济理论和方法进行体育经济体制改革，把社会和经济效益有机统一起来，以国家面向市场为导向，从“办产业”到“管产业”，逐步转变消费观念。

（五）引进培养人才

体育管理人员短缺，已成为当前影响我国体育产业化发展的重要因素，必须通过各种途径加强体育管理人员的培训，例如举办体育专业培训班，对体育管理人员进行培训，同时也要招募既懂经济又热爱体育的人才。根据市场实际情况和潜在的需要，加大对体育市场的调研力度，以引导消费，促进消费者对体育服务的消费意愿。

（六）坚持法治道路

休闲体育市场要走上法治道路。社会主义市场经济要以法律为基础，而体育经济也要走上法治道路，如果不加强管理，就会给某些以营利为目的的不法经营带来机会，给国家和人民带来巨大的损失，从而影响我国体育产业的健康发展。为此，我们需要加速体育市场的立法工作，构建符合市场经济规律的体育法律制度，正确处理好体育领域内的职、权、利三者之间的关系，以促进我国休闲体育市场的健康、有序地发展。

休闲体育作为一种新兴的体育观念，已经成为健康科学休闲的重要一环。休闲体育给人们带来的生活方式是文明健康、快乐幸福的，随着人们对休闲体育的内涵和社会价值的不断深入理解，休闲体育将在人们的广泛关注和参与下，不断完善与成熟并充分发挥其社会价值功能，从而为全面建设协调持续发展的和谐社会做出贡献。

第四章　民族传统体育文化的传承与发展

本章主要介绍民族体育文化的传承与发展，主要从四个方面进行阐述，分别是民族传统体育文化概述、民族传统体育文化的研究现状、民族传统体育文化的价值与传承以及民族传统体育文化的创新发展。

第一节　民族传统体育文化概述

民族传统体育是体育人类学的一个重要分支，中华民族传统体育文化是以汉族文化为主体，融合多种民族文化而形成的一种文化形式，是各民族传统体育文化在长期的共存和交流中相互融合、发展形成的。1990 年由国家体委文史工作委员会主编出版的《中华民族传统体育志》，共收集到中华民族传统体育项目 977 条目，其中少数民族体育有 676 条目，汉族体育有 301 条目，它们构成了瑰丽的中华民族传统体育文化体系，在中华大地上熠熠生辉，在人类社会的文明进程中发挥着特殊的价值与作用。

一、传统文化的内涵

关于传统文化的内涵，有部分人认为在周秦至清中叶这段历史时期中形成发展起来的文化就是传统文化；还有人认为传统文化是从过去一直发展到今天的事物，同时也是现代文化的体现和反映。另一种看法是，传统文化是一种扎根于本民族土地的东西，它处于稳定状态，同时也是一种含有动态性的事物充满了各个时期的新思想和新血液。有的学者认为，传统文化不仅仅是以理论形式出现，更是可以从民俗、生活、心理、审美趣味、价值观念等非理论层面来体现。文化形式是指语言与文字、物质生产和生活、精神生产和生活、各种社会组织和关系等诸多子系统组成的大系统，是社会发展的整体产物，是在漫长历史中形成的综合性结果。其形成后必然会对社会中的每一个人产生影响，他们的思想、心理和生活习惯都会自然而然地与之相适应，因此，它既具有普遍性、整体性的特性，又具有直观性、丰富性、多样性和具体性的特性。中国的传统文化是我们祖先留给我们的宝贵礼物，在很长一段时间里，曾一直走在世界的前列。传统文化中所蕴含的思想、价值和行为准则一方面具有历史性和遗传性，另一方面具有现实性和多样性。它始终影响、制约着今天的中国人民，为我们创新文化提供了历史和现实依据。

二、民族传统体育文化的属性

我国的民族传统体育在历史上有着丰富而辉煌的文化底蕴。阐述说明民族传统体育，可以知道它不仅运动项目多，而且富含多样的功能与价值。因此，可以认为民族传统体育是一项集健身性、娱乐性、竞技性、文体统一性于一身的传统运动形式。除此之外，大多数民族传统体育项目的运动过程还能展现出诸多的美，如身体美、运动美、精神美，在形式上表现为体型美、姿态美、要素形式美、技战术美、表情美、语言美、行为美、服饰美、器械美和环境美等。这些美的元素即便是现代主流的以西方竞技体育为主的运动项目也不能完全展现，可以说，民族传统体育所带来的感官和内在感受更为丰富。民族传统体育其实是从人们的日常活动中产生的，与生产劳动、民间艺术、科学文化、道德风尚、风土人情甚至是保卫祖国密切联系在一起，表现出一种复合美。

通过总结和归纳，从文化学的角度可以将其民族传统体育文化特性归纳为生产性、生活性、认同性、封闭性、娱乐性五个方面。下面具体对这五个方面的特性进行逐一分析：

（一）生产性

民族传统体育中的运动项目大多起源于人们日常的生产、生活活动中。人们对劳动进行了重新设计，添加娱乐元素并规定了规则，确保了公平，最后成为一种被广泛接受的民族传统体育。民族传统体育的产生与发展离不开技术体系的支撑，而生产性又是其发展的根本。例如，在民族传统体育的马上项目中使用的马匹，对于我国许多民族来说并非因娱乐价值或观赏价值，马匹就是他们日常生活中重要的交通工具或劳动力，离开马匹，生产就无法进行，由此演化出的体育活动内容只能是马上运动。又如，居住在东北地区的鄂伦春族，在绵延数千里的原始森林中，从事狩猎业生产，独特的生活环境使得鄂伦春族人性格豪放、勇敢强悍，因此他们所擅长的就是生活中经常使用到的器械演变出来的项目，如射击、赛马、划皮船。

（二）生活性

人类是群居种群，这就决定了人们的生活总归需要一个较为稳定的且特定的环境，这个生活环境对人来说产生着重大影响。环境会塑造一个新的人类群体，在这个环境中生存的人不得不为了生存而适应这个环境，长此以往就会被这个环境所“同化”，最终实现人与环境的无缝连接。在人类环境中包含的内容由少至多，由简单到丰富，环境赋予人的东西越多，人的生活质量就越发提高，当然这建立在环境没有发生巨大变化，也没有人类对它进行破坏的前提下。在人类社会发展的早期，人们把生活和生产的内容结合在一起。不管是生产活动，还是日常生活，都需要人们参与身体活动，比如狩猎、游牧、耕种、收获、祭祀等。随着时间的推移，体育活动越来越成为人们日常生活中必不可少的一项运动，成为文化的主体。

不过，随着后来社会生产力的不断提升以及生产方式的转变，传统的单纯依靠体育活动的生产性行为已经逐渐减少，但在人类社会初期所形成、所提炼的动作与活动方式却在现代生活中发挥着越来越重要的作用。总的来看，我国的主要民族——汉族的体育文化有较为明显的弱化，但除此之外的少数民族在许多民族活动、节日、重要节气等时间仍保持着强悍的武化思想、武化生活，活动中都会出现体育活动的内容。

（三）认同性

人们对于民族文化的认同首先源于他们对家庭血缘的认同，进而升华为对民族的一种认同。经过长时间的理论探索，民族和文化的辩证关系是文化系统要以民族为载体，而民族要以文化为聚合体。

体育是一种重要的文化因素，它对民族文化认同有着十分明显的象征意义。另外，它还具有民族文化意象的内涵，例如不同民族的摔跤项目，虽在体育项目的内容上两者都属于摔跤，但因其起源的民族差异，使其表现形式也不尽相同，从而体现出不同的民族象征，符号作用也就不同。从宏观的角度来说，中国的传统武术是一种不同于其他国家对战争技术的归纳而成的体育项目，中国武术和其他国家的武术一样，都是从生产中衍生出来的，后被应用到战争领域中，人们提炼出武术的技术成分中最为精华的部分，在长期的民族文化熏陶下最终发展成为具有技击意识、健身观赏性质、更具有东方哲学意蕴的运动，充分体现中华民族传统文化特有的特质。

（四）封闭性

我国各民族之间的文化都有其差异性，不过相邻地域的民族文化在封闭的同时也有一些相似性。不过随着时代的发展以及信息传播速度的加快，不同民族之间的了解和学习越发增多，如我国各少数民族在发展过程中吸收了大量的汉文化来丰富自己的文化，同时汉族也在长期的历史进程中吸收了大量的各少数民族文化来丰富自己的文化。这样，各民族文化的交融才形成了中国文化多元一体的文化格局，使中华民族的文化具有了共同的核心——共同的文化价值观。

不过这里想要重点论述的是民族传统体育文化的封闭属性。从民俗学的角度来看，即使是同一民族，也存在着“百里不同风，十里不同俗”的差异，更何况是不同的民族。这种差异及其带来的民族间的封闭就更加严重。另外，中国自古的自给自足的小农经济以及其他封建闭锁的思想更使得民族文化间的传播具有封闭性的特征。最终形成的局面就是优秀的文化、民族特色体育活动只能在一个特定群体中传播，这些活动只能“存活”在一些特定地区，自生自灭。其中一个较为典型的例子就是发源于陈家沟的太极拳，它与同类其他拳种的交流就是局部的、有限的，只在区域范围内发展，从而形成特有的太极风格，与此同时，加上早期传男不传女、不传外姓人等传统思想的禁锢，使得能够习得这种拳术的人也是少之又少。由此可见，环境的封闭性必然导致体育的封闭性。

（五）娱乐性

大多数体育活动的产生一方面源于生产，另一方面就来源于人们日常生活中的娱乐游戏。体育运动的娱乐性已经成为体育文化中的一个比较主要的属性，就民族传统体育运动来说，这也是它的重要发展动力。

总的来看，民族传统体育的娱乐性可以分为身体技能性、谋略性和机遇性三种。具体技能性对人的运动技术要求较高，具有强烈的自娱性和娱他性；谋略性对人的心智水平要求较高；机遇性主要是对机遇的期待。就我国民族传统体育文化来看，通过其参与的目的性来说，是具有非常突出的娱乐性特征的，其实施的重点在于满足人们的身体和精神的需求，更多的是自娱自乐的活动。

通过参与这些活动，人们可以通过众多感官体会到活动带给人的愉悦感，可以达到缓解身心压力的作用。鉴于这些活动的娱乐性，人们非常乐于参加，民族盛会中也常看到体育项目的身影，如西双版纳基诺族人，每逢节日，无论男女老少都聚集在一起，打鸡毛球、扔石头、顶竹竿、打陀螺、跳大鼓，玩得不亦乐乎。

实际上，民族传统体育运动同其他形式的体育运动一样具有健身价值，不过在许多民族的眼中，这点并不是他们所关心的事情，也并没有为了锻炼身体而有意识地开展此类体育活动。因此，在各少数民族所进行的许多传统体育文化实践中，仍然只能是一些体育文化现象，而不是体育运动。

三、民族传统体育文化的特点

我国传统文化的诸多理论都强调人应具备整体性、中庸性、道德性等特征。因此，由人创造的民族传统体育的文化特征自然也受到这些理论的影响，具备了这些特性。中华民族在公元前 800 年到公元 200 年形成了以儒家“天人合一”和“气一元论”为哲学基础，以保健、表演为基本模式，以崇尚礼让、宽厚、平和为价值取向的体育形态。

由此就说明了以我国为主的东方体育与西方体育在文化个性上的不同，具体为东方体育的个性主要体现出较强的等级性、道德性和礼仪性。

（一）以天人合一为思想基础

传统体育文化是中华民族传统文化中不可或缺的一环，同时是整个中国文化亚文化的重要组成部分。我国是多民族国家，我国传统体育文化不可与少数民族传统体育文化有所分割，少数民族传统体育文化对我国整个传统体育文化都起着完善补充的重要作用。我国所有民族传统体育文化在其发生、传承、变革、发展的过程中，都无法离开中国文化这条根所给予的养分和制约。中国文化是一种以儒家思想为主体，融合不同时代、不同民族、不同流派文化元素的庞大综合体。我国大量研究人员坚信，从汉代起，将儒家思想作为主要内容的传统文化，之所以能够延续几千年而不变，并作为四大文化中唯一完整地保存下来的古代文化，这种文化上的奇迹在一定程度上得益于儒家、道、佛三家相互渗透、相互补充的内部结构与格局。

"天人合一"的自然哲学是中华民族传统体育哲学基础。"推天道以明人事"是中国人特有的思维方式。天人关系是中国传统文化的一个基本命题，中国哲人从天人关系问题的深思中，来领悟人生的意义及理想的生存模式。天是人确立自我、认识自己价值和使命，构建人生理想的参照。

儒、道、佛三家在各自的发展过程中，都是顺应国情、相互吸收、相互影响的。因此，在中国封建社会晚期，社会思想的基本格局仍然是儒治世、道治身、佛治心三者相辅相成、三教合一。

在民族传统体育文化的范畴中，"天人合一"是说人和自然在本质上是统一的，一切人事，均应顺乎自然，不违自然，方能获得生存与发展。《易经》中反复强调，天地是一个统一的整体，把人看成是自然界的组成部分。民族传统体育文化的突出特点就是在于重精神，轻物质；重过程，轻结果。在民族传统体育实践中，重练内，轻练外；重神，轻形；在练习步骤上重整合，轻分解。民族传统体育在长期的实践中体会到，作为体育运动对象的客体——人的自身与宇宙自然，二者有着内在的紧密联系，因而在民族传统体育的实践中必须使前者适应后者，顺乎后者，达到二者的统一与一致，方能实现最终的目的。

中国文化的这种内在的意识和精髓，在长期的历史进程中逐渐被各少数民族所接受和吸纳，并成了相当稳定的本民族文化的内核。因此，从中国各少数民族传统体育文化的外在表现形式上，我们都不难看出中国传统文化所留下的印记。在我国大部分少数民族传统体育文化中，从其主旨意义上来看，均在强调"锻炼意志""陶冶情操""健身娱乐"等；从其形态形式上来看，少数民族传统体育运动多表现为优美的身体运动—舞蹈，以及没有强烈的直接身体接触对抗的技艺竞赛，如赛马、射弩、秋千、棋类等项目。这与中国传统文化所提倡的"仁义""中庸""和为贵""修身养性"等理念是一致的。除此之外，中国文化已经深入到各个民族的个性之中，形成了各民族大同小异的文化。就体育文化而言，与汉族传统体育文化相比，少数民族传统体育文化虽有些许的男性化倾向，但其实质上仍难以脱离中国传统文化的影响与限制。

（二）重视伦理教化

由于受到中国儒家传统文化的影响。民族传统体育赋予功能主要集中在体育的政治、经济等其他方面的功能，民族传统体育表现出重视伦理教化的特征。儒家先哲把道德需要作为人的最高需要，把道德价值作为最大的价值。

我国传统体育以体现德育观念为准则，形成了“寓教于体，寓教于乐”的方针，其主要目的不在于强调竞技结果的优劣，同时不鼓励获取胜利，而在于提倡在竞争中培养和提高品德。于是，民族传统体育化身为“成德成圣，完成圆善”的一种手段。

例如，儒家先哲推崇的射礼，要求射者“内志直、外体直、然后持弓矢牢固，持弓矢牢固，然后可以言中”。唐代木射，将“仁、义、礼、智、信、温、良、恭、俭、让”作为取胜标记，其伦理教化的意图再明显不过了。司马光在《投壶新格》中的论述更为典型：“夫投壶者，不使之过，亦不使之不及，所以为中也；不使之偏波流散，所以为正也。中正，道之根底也。”约成书于元明间的《蹴鞠图谱》，还以专章论述儒家“仁、义、礼、智、信”怎样在蹴鞠中体现，踢球应以“仁义”为主等。这种以“礼”“仁”“义”等作为去规范和衡量民族体育的标准，导致了民族传统体育重伦理教化的特性。

（三）整体性与和谐性统一

中国传统体育强调形体、功能、意念、精神等各方面的活动，并把它们同外界的关系用一个完整的观念来描述。所谓“手眼身法步，精神气力功”“形神俱练，内外兼修”“采天地之气，铸金刚之身”，通过意识活动和肢体动作的演练来“悟道”，逐步达到“与天地神相交通”的意境，进而“天乃道，道乃久，殁身不殆”，体现了身心、机体与自然和谐发展的整体效益这一健身观念。

中国传统体育代表项目气功、太极拳等，都是在意念的主导下“以意会神，以意调气，以气促形，以行会神”。通过意识与肢体的活动，使“心灵交通以契合神道”。通过体内物质体系的信息流和能量，维持着与外界的时间和空间的秩序，从而调整身体的新陈代谢，维护身体的健康。在训练时，多采取基础训练和全面训练，充分反映了中国人的主体意识，追求均衡、顺其自然。

我国的传统体育文化侧重于人们的身体、精神、情感欲望的满足，多以自娱、消遣、游戏为主。在这种活动中，人们能够获得一种直接的情绪表达和宣泄。少数民族传统体育活动的主要目标是娱乐，因此其魅力很大。

（四）与民俗、民风紧密结合

随着各个民族的发展，民族传统体育与民俗、民风、生活习惯密不可分，与人民生活紧密相连，相互渗透。人们从传统运动中得到欢乐体验、感受到精神上的欢愉、创造和谐的生存环境，逐步形成了对“快乐”“和平”“安逸”的追求，这是一种更深层次的文化追求。

特定的区域空间是一个民族长期生存和发展的必要条件。不同少数民族的传统体育文化、价值观、审美趣味等都与所在区域有着密切的关系。因而，民族传统体育文化在内容与形式上可以从一定程度上折射出该民族的生产、生活、社会风气。目前，我国各少数民族仍处于“大杂居，小聚居”的状况。

特定的地域环境必然会产生与之相适应的生产与生活技术，而这些技术是各个民族传统体育活动的基本条件。江南的赛马、北方的冰嬉、山地的竞走、丛林中的弓箭，都是在不同的地理环境下对某种生活方式的精炼。因此，民族传统体育文化在当今的形式多样、地域特色鲜明的基础上，成为一种必然的社会和文化现象。在我国的传统体育项目中，有许多表演性、娱乐性的项目，主要是在闲暇的时候举办，如庆祝丰收、庆祝节日、祝贺新婚、休闲娱乐，把体育融入娱乐，增加欢乐的气氛。例如，黎族的跳竹竿，每逢黎族的传统节日，如正月十五、三月三的夜晚，人们酒足饭饱，穿着盛装，蜂拥到村前村后的草坡上，燃起篝火，打着火把，一组一组地跳竹竿。这项活动是有八人持八根竹竿在两头，跪在地上，伴随着音乐、锣鼓，一分一合地打，另有四到八人在竹竿的空隙中来回流动。参加这项活动和在旁边观赏的人都会觉得很有趣。

划龙舟的人分为鼓手、锣手和水手，他们也穿着不同颜色和样式的衣服，分别负责指挥、敲锣和划水。比赛时，几十个披红挂绿的龙舟在大江中直奔，锣鼓声声，烟花阵阵，再加上两岸的观众的助威呐喊，更是气势不凡。壮族、黎族、侗族、苗族、瑶族、彝族、布依族等少数民族都喜欢打铜鼓，载歌载舞，跳着不同的舞蹈，进行着比赛，风格古朴，充满了民族的气息。

（五）森严的等级关系

在《易传》看来，自然界和人类社会，都是按照自然进化的法则来发展的。君臣、父子、夫妻、上下、贵贱、尊卑、长幼等，都要按照礼义来区分，做到上下长幼各有不同。在这种分别差等中，礼起到了至关重要的作用。整个社会只有严格分别、遵循这种等级关系，使彼此不相逾越，才能达到天下稳定的社会目标。

例如，西周的射礼不仅分为“大”“宾”“燕”“乡”，而且对同一阶层、不同阶级的人，所用的弓箭、箭靶、伴奏乐曲、官员等都有严格的区分和规定。《宋史·礼志》上规定了打马球的各种仪式，有皇帝参加的比赛，第一球一定要让皇帝打进，正所谓“对御难争第一筹”。女子在封建社会地位极为低下，参加体育活动的权力和条件受到多方限制。中国的传统武术没有具体的动作规定和比赛规则，交手过招中强调礼让在先，点到为止，不战而胜；体育行为恪守“中正平和，敦厚温雅”的理念，以至于在最具竞技实质的武术搏击中，也要“立身中正，随身就屈”，“动急则急应，动缓则缓随”。

（六）推崇养生理念

中国人的传统思维中非常看重温和的性情，讲究性情自然，这种自然是内在的，更应属于自我感知的范畴内，而不是一种向外的宣扬与展现。“知其心者，知其性也，知其性则知人。”因此，当这种理念匹配上民族传统体育后，就出现了人们参与传统体育在于养生而非竞技的态度。这种态度当然可以体现我国儒家的“和”的思想，不过体育运动就是体育运动，过分看淡竞技的属性，过分在体育运动中秉承“中庸之道”，最终只会让人以为自然界是不可征服和改变的，人只能受自然界的摆布，从而使我们的祖先的抗争精神在传承于后世的过程中越来越匮乏。在我国的少数民族传统体育文化中，其表现形式有许多都是将竞技、舞蹈、音乐等融为一体，使这些项目既具有各自民族的特色，又具有娱乐和健身的特点，还具有艺术欣赏的价值。类似这样的项目在我国少数民族传统体育运动会的表演类项目中占有较大的比例。例如，壮族的“三人板鞋”竞技、苗族的芦笙踩堂、蒙古族的曲棍舞、彝族的打磨秋、瑶族的跳八音等都具有这种文体合一的形态。这种独特的运动形态，注重把民族感情、民族精神、民族风格、民族理念等自然融合在其审美对象和审美主体之中，使参与者和观赏者都能获得精神上的享受，这也是少数民族传统体育文化富有魅力和活力的重要原因之一。这种安于现状，缺乏竞争，倡导守柔不争等特点，都在不同程度上抑制了竞争精神，竞争精神难以成为民族精神的主流，造成了民族传统体育的竞争性难以发展。这点与西方主流竞技项目的理念完全相悖，进而使得部分竞技体育项目在今天发展缓慢，甚至表现出裹足不前的状态，这与其看淡竞争的本质思想有莫大关联。

民族传统体育是中国传统文化的一部分，它既可以反映出民族体育的文化属性，又可以反映出传统文化的特点。无论是民族传统体育过去的产生，还是现在的发展，都与特定的文化环境紧密相连。它不仅仅受到传统文化的深远影响，而且不断地汲取文化的特性，使自身也具备了与文化环境相一致的文化属性。

四、民族传统体育文化的内涵

民族传统体育是一门以民族传统体育为研究对象的人文科学，它是具有数千年历史的文化遗存，有深厚的人类文化积淀，具有独特、鲜明的文化个性特征。从中国体育史上始终存在的以武术为主的功夫，以调整呼吸为主的气功、养生术，到以游戏为主要内容的民俗体育，甚至是“活化石”少数民族传统体育，都蕴含着民族传统体育文化的深厚内涵，人类社会历史发展所循道路也可以从中得以体现。美国著名的人类学家克卢伯指出，文化系统不仅仅是一种形式，更是一种价值体系和行为方式。

中国传统体育是在东方社会特殊地域和民族文化氛围中孕育和生长的一种社会和文化现象，蕴藏着深刻的民族文化哲学和道德价值观。中国传统体育所蕴含的民族文化特性有三个典型特征：一是表现出了深刻的东方社会宗法伦理思想；二是具有重人伦、重道德、身心兼修的价值观；三是重视和谐，崇尚修身养性的保健功能。民族传统体育文化是指由不同民族代代相传的、具有一定体育内涵或外延的人类社会活动的统称，而那些已经遗失但经过发掘、整理、恢复、传承的运动项目，也都属于传统体育文化的范畴。

民族传统体育是一个国家历史和文化的一个重要组成部分，它是从民族文化共同体中分离而来的一种独特的民族体育文化形式。民族传统体育是一种特殊的文化积累方式，它不仅具有人类社会普遍的文化特性，而且有着自己独特的民族文化特色和内涵。在发展过程中，民族传统体育表现出如下的文化特征：

（一）特定历史时期的产物

少数民族传统体育活动是特殊历史阶段的产物，其产生和发展既是自然规律的结果，也是人类社会生活中一种文化活动的浓缩，是各个民族在体育活动中所产生的社会文化必然结果。当民族体育发展到一定阶段时，其行为方式和精神意蕴必然会相互交融并形成一种文化现象，并逐步脱离其他社会文化而形成一种独特的体育文化形式。

（二）特殊的运动形式

民族传统体育虽是一种特殊的体育活动形式，但与现代体育相同，都是以身体活动为基础，在通过体育来娱乐的过程中，承受着一定的生理负担，在人的机体能量物质“消耗—恢复—超量恢复”的循环中往复，从而促进人体的发展和健康。另外，各民族传统体育最原始的形式及其发展的历史，都因其鲜明的特点而与各自的民族文化有着紧密的关系。

因而，民族体育在其独特的运动形态中，始终具有两大社会价值：一是外在表现，即以竞技健身为核心的身体锻炼；第二类是内在的，也就是表现精神情绪的心理表现。两种不同的价值表达形式往往处于同一体育活动中，而无形的文化意蕴则通过有形的运动载体来不断传承和发展。

（三）综合形态

民族体育作为一种综合性的文化形式，在其诞生的那一刻起，就与周边的其他文化有着密切的关系，形成了一个与外部世界进行物质和信息交流的开放性的文化体系。少数民族体育从一开始就不是一个孤立的文化现象，而是由一个广阔的民族文化背景所决定的，其存在与发展综合体现了众多的民族文化象征。

第二节 民族传统体育文化的研究现状

一、民族传统体育文化研究基本进程

民族传统体育作为一种具有悠久历史的文化现象，自古至今引得众多学者深入研究和探讨，且这些对民族传统体育的研究从来没有中断过。我国是一个多民族国家，曾经有过各种形式的民族传统体育活动，形成了一种独特的文化景观。这种与众不同的民族传统体育文化一直受到学者们的喜爱。我国民族传统体育文化的研究从改革开放到现在已有了长足的发展，不仅在研究成果的数量上取得了显著的成绩，在研究的范围、深度和广度上也呈现出空前的新面貌。从研究内容、研究取向、国家文化发展战略、国家重大决策等方面来看，可以将我国民族传统体育文化研究划分为三个阶段：

第一个阶段是 1979 年到 2000 年，文化解读阶段。随着改革开放的不断深入，各类文化实践活动纷纷浮出水面，20 世纪 80 年代中期更是风起云涌。与此相对应的，文化研究也是不愿落后，各门各派的学者激烈讨论交锋。作为一种文化现象，体育文化的研究在我国起步相对较晚。1986 年，体育文化研究的平静被打破，如同石头落水，荡漾出一片波澜。关于民族传统体育文化的研究也在 1987 年开始出现。之后，一些零星的相关研究开始在报纸上发表。

武术是我国民族体育的一个重要组成部分，在我国有着悠久的历史，针对武术的专项研究起步较晚。1982 年全国武术工作会议确定了武术走向国际的发展策略；1985 年，国家建立了国家体委武术研究所，使我国的武术研究逐渐进入了专业化的轨道；1986 年，我国武术文化挖掘整理工作已取得阶段性成果，这对武术文化的研究起到了很大的促进作用。总体上，这一时期的研究主要集中于对民族传统体育文化特征的理解。研究单位主要是江苏体科所、成都体育学院，其研究成果与我国的文化转型策略有着密切的关系。

第二个阶段是发展探索期，2008 年 10 月 17 日，联合国教科文组织发布《保护非物质文化遗产公约》，将非物质文化遗产视为增进人民感情、增进人民沟通与理解的重要元素，其意义无比重大。《关于加强我国非物质文化遗产保护工作的意见》是国务院办公厅于2005年3月26日发布的。由此，我国传统体育文化的发展出现了一个新的高潮。当时在国家社科基金项目中，有三个项目是关于民族传统体育的。这对我国传统体育文化的发展起到了一定的促进作用。国家的关注对体育学界的科研工作也起到了促进作用，鼓舞了研究人员的热情。在我国，吉首大学、华南师范大学、西北师范大学等地逐渐组建起了民族传统体育的研究队伍。

民族传统体育的发展，最终要通过具体的项目来体现。作为中华传统的国粹，武术的发展受到了广泛的重视，国家社科基金项目中有5个项目与武术相关。在北京奥林匹克运动会的大背景下，研究人员对武术文化的发展进行了研究。2006年和2007年，国家体育总局在奥运技术攻关计划中共设置了16个武术攻关项目。与此同时，《武术传播引论》《中州武术文化研究》等学术研究成果也陆续出版，并陆续发表了大量关于武术文化的研究论文。上海体育大学作为我国武术文化研究的典型代表，其学术研究呈现出较好的发展势头，且具有视野宽、起点高的特点。

第三个阶段，即从2008年到现在，这是一个深入的扩展阶段。在当代社会，文化在社会中的地位和作用得到空前的提高，其在经济、政治中的作用也越来越明显。文化成了由各种不同政治和思想力量相互竞争的舞台。因此，我国开始重视文化问题。中国共产党第17届中央委员会第6次全体会议在2007年10月18日通过了《关于深化文化体制改革，推动社会主义文化大发展大繁荣若干重大问题的决定》，建立了文化发展的政策依据。近年来，关于民族传统体育的学术论文呈逐年增加的趋势，如《中国少数民族体育文化通论》《民族体育跨文化融合》等相关著作相继发表。随着文化学、社会学、人类学等学科理论的引入，不仅使我国的武术文化认识更加深入，也将其推上了一个新的起点。《武术与武术文化》《武术：身体的文化》的问世，将有助于人们更好地了解武术文化。在文化自觉的进程中，“文化的武术”得到了普遍的认可，并与“体育的武术”形成了两极。以“国学”为切入点对武术文化进行考察，是对其进行深入研究的必然结果。我国民族传统体育文化的研究在该阶段得到了深入的发展，研究范围得到了很大的扩展，文化认同、文化传承等问题也逐渐走入了研究者的视野。

二、主要研究内容

（一）宏观研究

文化是人的一种超越了本能的人为行为准则，是一种由历史所凝聚而成的生活方式。英国文化人类学家爱德华·泰勒认为，文化是一种由知识、信仰、艺术、道德、法律、风俗、习惯组成的综合体，这是第一次为文化提供整体的概念，并为多元的文化现象的研究提供了一个例子。我国学者司马云杰也有类似的看法，他认为文化是由各种形式的人所创造出来的综合。民族传统体育是各个民族在其产生和发展过程中所创造出来的完整的体育文化，所以从宏观上把握民族传统体育，将其作为具有完整意义的社会文化现象，是我国体育工作者首先关心的问题。

在此背景下，我国的一些学者对民族传统体育文化的形成和发展进行了研究。传统的民族体育是由劳动群众的生产、生活需求决定的，它是直接为人们的生产、生活服务的。人们的生产与生活实践都是因需求而产生的，需求是民族传统体育文化的源头与推动力。我国的传统体育文化有着悠久的历史，有些起源于生产实践，有些起源于战争，有些起源于娱乐和祭祀，有些起源于原始医学。生产劳动是民族传统体育文化产生的必然条件，娱乐是使民族传统体育文化源远流长的主要形式，自然是创造推动民族传统体育文化的重要因素，部族战争是推动民族传统体育文化发展与分化的最直接驱动力，宗教活动在促进民族传统体育文化的萌芽方面发挥着不可忽视的作用。

通过对民族体育文化的历史渊源和发展演化的认识，人们把目光投向了文化更深层次，对民族传统体育文化内涵、特征、价值和功能进行了深入的探索。

民族传统体育文化是一种文化资产，它有着特殊的作用和价值，因此，它是人们对体育资源的重要资源。有学者将目光投向了民族传统体育文化的当代价值，并围绕着人们的需要，对其进行了现代的挖掘和利用。段爱明等人认为，要积极地适应时代的变化、人民的健康需求，发挥好学校的作用，就必须加强基础理论的研究。

近年世界各国均走上了全新的高速发展道路，其中全球一体化的加速尤为突出，人们的注意力逐渐转移到了民族传统体育文化的现代转型和文化意识上，并着重探讨了如何应对西方体育文化的冲击。当下时代，我国应该抛弃传统的狭隘的观念，借鉴西方和其他民族的优秀文化，建立起一套符合当代人类生活需要、推动社会发展的科学理论体系。还应提倡文化的独特性，在全球化的视角下，建立中国传统体育文化的传承体系，让其与国际体育文化接轨，从而实现民族传统体育文化的可持续发展。

（二）微观研究

从具体的项目出发，可以为民族传统体育文化的研究提供一个客观的支撑点，并将其从宏观的总结归纳到微观的深入挖掘。武术是中国传统体育的代表，历来受到广大学者的重视。不能简单地将武术看作一种技术技能体系，而应该视为具有完整、稳定的内涵结构与价值结构的文化体系。单纯从身体活动、技击等方面来阐述，并不能很好地传达出武术的丰富内涵，应当用“武术文化”来称呼。从文化的角度来看，部分人认为，武术是中国传统文化的精华，是当之无愧的国粹。武术文化受着中国传统哲学、政治伦理、宗教、军事、文学、艺术、医学等多种社会文化形式的深刻影响，同时中国特有的思维方式、行为方式、审美观念、心态模式、价值取向、人生观和宇宙观也可以从中有所体现。

武术文化是我国传统体育领域的一个热门话题。根据《中华民族传统体育志》记载，目前发现的少数民族传统体育项目有 676 条，汉族 301 条，合计 977 条。很明显，其他的民族运动也是值得我们学习和重视的。摔跤是中国广泛流行的一项民族传统体育活动，各民族之间的角力也各有特点。不同少数民族在传统的节日中的摔跤活动中都有不同的表现和要求。以侗族摔跤的发祥地四寨村为例，侗族摔跤会受到生态环境的影响。侗族摔跤具有维系亲属、家庭关系纽带的作用。中国摔跤运动是宗教、娱乐和军事结合的综合，摔跤文化起源于远古，由军训走向舞台表演，由擂台比赛走向角斗的民间发展。

（三）少数民族研究

我国是一个包含 55 个少数民族的多民族国家。经由漫长的历史发展，各个民族都具有自己的特色文化。尽管各民族在社会、历史上都曾多次发生过变化，但其最根本的文化成分已经渗入到整个民族整体的生活中，并成为整体的精神与灵魂。在多元文化的大环境中，民族传统体育文化受到众多学者的关注。许多学者都对特定的民族体育进行了研究。徐玉良等人从历史渊源、文化特征、传承状况以及各阶段的发展脉络等方面进行了系统的探讨。饶远和刘竹则对我国少数民族的体育文化进行了比较系统的研究，归纳出 6 个民族的起源理论和 8 个文化作用，从身心教育、欢悦生活、民族精神、民族情怀、运动方式等几个方面对少数民族的体育特性进行了文化学的解读。姚重军以民族传统体育与社会的联系为切入点，对其与地理环境、宗教、民俗、全民健身的关系进行了论述。韦晓康从文化学的视角，对壮族各民族传统体育文化的起源进行了论述，并对壮族体育的产生与其所处的生活环境、生产方式、民族习俗等密切相关，着重对抢花炮、抛绣球、龙舟、舞龙、舞狮等壮族民间的传统体育和文化。

（四）地域性研究

中华文化是一种文化共同体，其实体、内容、具体形态都是以中国文化版图为基础的各种地域文化构成的，而对中华文化的研究则应以地域文化为主体，脱离特定的历史和地理区域，其文化与精神就会变得抽象。所以，对地方文化的研究，就是对中华文化的研究。在此基础上，学者们围绕着不同的区域展开了对民族传统体育文化的研究。陈青对西北各民族的文化进行了详尽的描写，并重点阐述了其发展过程、特征、交流与发展，为研究地域传统体育文化提供了有益的参考。陈少坚等从历史的视角对闽台民间运动文化的产生、发展、演变及其对人民的影响进行了研究，从而对闽台运动文化的渊源和渊源产生了深刻的认识。汪兴桥从文化人类学的视角剖析了西南少数民族体育文化形成的生态环境及其生存的土壤，着重探讨了其传承问题，并提出了保护与发展的策略。韩雪通过对中州武术的成因、发展轨迹及特点的剖析，提出武术是武术文化的一种外在表现，并指出中州地区武术客体化的武术文化形态能够反映其内在的武术文化。

三、研究存在的问题

学术界对中华民族传统体育文化进行了探讨，并发表了大量优秀的文献，为以后的进一步研究打下了良好的基础。但由于研究视野的局限，一些研究仍有以下缺陷：

第一，从研究的逻辑学角度来看，多为描述性的研究，而对解释性的研究则较少。文化研究是一种知识的探索性过程，它需要对文化和社会实践进行阐释，改变现有的权利关系。纵观目前已有的文献资料，有些仍是以现象描写为主，缺少对民族传统体育文化的深入剖析，因而无法形成新的认识。有的学者则偏重于静态的研究，只专注于介绍文化的特性和价值等永恒的表象，而很少运用文化变迁的理论去探究，使得民族体育文化长期停滞、定格在传统文化的形态下，给人类留下了一幅无法追及时代变化的落后文化图景，造成文化印象和时间空间上的错位，从而使得人们对民族传统体育文化有所误读。

第二，从理论架构上看，虽有大量的社会学研究，但对人类学的研究却很少。胡小明认为，以“成熟”的元话语为指导，是进行体育文化研究的先决条件。社会学和人类学都与民族体育有着紧密的联系，并且有着较为完善的理论体系。然而，二者的研究重点却不尽相同：社会学侧重于社会，而人类学侧重于文化。人类学是以文化为基础，将一种文化看作是一种特殊的生活模式，它表现出一定的含义和价值，通过对它的分析，发现它的含义和价值。所以，从人类学的视角来探究其起源，探究其作用和构成，发掘其符号，进而对其进行合理的阐释，也是合乎情理的。但就民族传统体育文化的研究结果而言，无论从宏观的角度，还是从微观的角度来探讨，都对文化现象或明面或暗中使用了社会学的概念，但很少采用人类学的方法。即使是跨时空的文化分析，也存在着对文化社会学研究结果的机械复制，以及对民族传统体育文化的阐释缺少学科特征的现象。

第三，从研究的内容来看，更多的是关于发展，而对文化演化规律的研究却很少。文化并非一潭死水，它总是在不断地发展和改变。各民族传统体育文化具有自身发展的内在逻辑，并形成了自己的发展脉络。对民族传统体育文化发展的脉络进行梳理，并非单纯地对其发展进行描述，而是要探寻其演变的历史规律，寻找其面对未来的途径与活力。同一文化在不同的历史阶段，其发展具有鲜明的时代特点，反映出其发展的复杂性。在此基础上，文化研究需要对文化和社会的关系进行辨析和阐释，而把民族传统体育与社会联系起来的研究则是不全面的。对于民族传统体育文化的发展，有的只是对其发展过程的描写与再现，没有探究其演变的规律。

第四，缺乏跨文化跨领域的实证研究。当前，对民族传统体育文化的研究主要集中在文献分析、文本叙述、经验归纳和简单思辨等方面，研究方法较为单一，还没有找到正确的方法和视角来阐释民族传统体育文化。其最大的优势在于，可以大致了解我国的民族传统体育文化，并对其进行初步的研究。但是，相对于复杂的文化，这种以书籍文献为基础的研究，不能突破描述的层次，达到理论的高度，自然也就不能对文化进行更深层次的阐释。文化是一种由特定的文化行为所产生的思想，它要求跨文化、跨学科的全面研究。只有走进民族内部，才能体会到民族文化的真谛，发掘出其真正的文化意蕴。同时，也可以避免在“他者”视角下对民族传统体育文化进行研究，从而避免了产生某些主观的、空洞的结论。

第三节　民族传统体育文化的价值与传承

一、民族传统体育文化的价值体现

民族传统体育来源于各民族的生产和生活，它深深地扎根于各民族的文化土壤中，是中华民族灿烂文化的重要组成部分。作为一种传承的民族文化形式，民族传统体育深刻地体现出民族心理和民族精神，并在传承的过程中体现了自身的文化价值。在不断地发展演变中，民族传统体育逐渐成为现代体育的重要来源和有机构成。我们要紧跟时代潮流，用发展的眼光去看待民族传统体育文化，根据现代体育的观念重新认识其价值。

（一）促进身心全面发展

民族传统体育是从人们的生产生活方式中衍生出来的，与人们的身体活动息息相关，因此，人们要通过参加体育锻炼，在各种形式的体育活动中逐渐地改善自己的体质，从而促进人们的健康。民族传统体育以强身健体、益寿延年为终极目标，其中强身健体同样是体育活动的重要内容。多参加体育活动，可以促进机体的生长，增强运动能力，改善和增强中枢神经功能，调整人的精神状态，增强身体对环境的适应性。

我国民族传统运动会中的所有竞技项目都对身体素质有所要求，练习、参与这些体育项目可以增强身体的综合素质，提高各项机能。其中拔河、跳绳、爬杆等具有民族特色的娱乐类项目同样可以作为健身的方法，相比于竞技项目，这些偏向于游戏的项目更适合人民群众来锻炼身体。多参加民族传统体育活动，既能培养人体的感官，又能锻炼心肺功能，还能增强人体的灵活性，使人身心得到充分的发展。

民族传统体育的健身价值是由民族传统体育的各类活动的基本属性、早期民族各项活动较多依靠自然力的特点及人们日益增长的健身需求所决定的。当今社会、生活水平的不断提高和交通工具的便捷，导致人类进行身体活动的机会越来越少，加之现代社会的高工作压力，导致人类“文明病”频发，追求身体素质的改善将成为越来越多的人的选择。而民族传统体育有着独特的健身功能，能最大限度地满足人类健身的需求，其健身价值将得到更加深广的开发，会在未来社会中发挥更重要的作用。

（二）丰富精神生活，提高生活质量

体育锻炼不但可以增强体质，提高人体的身体机能，挖掘人体潜能，还可以调节人的心理，满足人的精神需求，保持人的精神健康，提高人的生活品质。民族传统体育是一项以满足身体和心理需要为主要目标的运动，它注重人的身心情感的需求，通过自我娱乐和游戏的形式，让人们充分地投入到运动之中，获得情绪和精神上的快乐和满足。各民族的传统体育项目，不但把民族体育与宗教礼仪、生产劳动、欢度节日、欢度丰收相结合，还把民族体育和文化艺术、舞蹈等结合起来，使民族传统体育更加丰富多彩，同时也使民族传统体育更加具有娱乐性。在漫长的历史发展过程中，我国各民族的传统体育活动也是多种多样的。各类民族体育项目技术含量高，艺术水准高，以独特的魅力吸引着人们。在丰富多彩的民族运动中，人们在民族文化的影响下，尽情地享受着体育带来的欢欣与愉悦。这些运动不仅能给参加者带来无限的快乐，还能拓展社交空间，促进人们之间的感情沟通，形成积极向上、乐观开朗的心态。体育活动越来越多样化，体育的功能也越来越多样化，对体育的全面发展起到了一定的促进作用，对人们的心理需要、提高人民的生活品质起到了很大的促进作用。

（三）发展民族心理素质

体育运动具有广泛性和社会性，这使其成为最强有力和最直接的宣传工具。民族传统体育项目是民族文化的符号象征，其具有的独特民族色彩，是民族文化传承、民族凝聚力的重要标志。此外，民族传统体育还具有振奋民族精神、维系

民族感情、增强民族凝聚力的作用。

我国民族传统体育的绝大多数项目由于都具有广泛的群众性，因而举办民族传统体育活动是进行民族文化教育的生动大课堂。开办一场重要的国际性竞赛，可以提高民族的民族意识，净化民族的精神，激发民族的热情，从而为民族的腾飞和民族的兴旺提供难以估量的精神动力。

民族心理素质包括民族情感、意志、性格、气质和民族自觉性。不同的民族文化背景决定了他们拥有不同的兴趣、情感等个性特征。各族人民通过感知、思维、行动等方式，获得了各自的教育，从而形成了自己的世界观和人生观。民族心理素质的差异，不仅会妨碍人类社会的正常运转，也会影响到各国人民之间的友好关系，也会给世界各国的经济、文化交流带来不利的影响。体育是全球范围内的一项社会文化活动，它具有普遍的、既定的体育准则和行为准则，它能促进人与人之间的良好关系，扩大人与人之间的联系。比如，通过体育比赛，可以消除由于地理环境、文化传统、生活习惯等原因造成的隔阂，为广大民众创造文化交流和文化交流的良好环境。这对增进各族人民的友好关系、推动各民族经济和文化的交流都是有益的。

（四）传承教育与文化

我国的民族传统体育从诞生到发展，都与教育有着不可分割的关联。民族传统体育是教育的一种内容与方式，它在历史的发展中起着积极的、不可替代的作用。

在早期的人类教育中，民族传统的体育活动主要通过游戏、舞蹈等形式进行。在当时，没有文字，没有书籍，因此，它的教学方式主要是通过口头教学、模仿等方式来实现。这起到了早期启蒙的作用。据《中国古代教育史》记载："人们不仅能在生产实践、劳动活动中受到教育，还能在政治、经济和文体活动中受到教育，他们利用游戏、竞技、舞蹈、唱歌、记事符号等进行教育。"到了西周，学校的教学内容进一步扩展，"礼、乐、射、御、书、数"六艺已成为学堂的教学内容；春秋晚期，著名的大哲学家、教育家孔子把"礼、乐、射、御"等与体育相关的内容纳入教育的范畴；唐朝建立了武举制度，设置了骑射、步射、举重等科举项目；宋、明、清时期，武术是教学内容；在现代，以武术为主的民族体育被正式列入学校体育项目，使其在教育领域的地位得到了进一步的巩固；中华人民共和国成立后，我国的民族传统体育迅速发展，一些高校开设了八段锦、五禽戏等专门的少数民族体育课程。同时，摔跤、围棋等也被列为民族体育项目。此外，在幼儿园、小学的体育课程中，还有骑竹马、跳山羊、秋千、蹴鞠等。

将民族传统体育教学与学校体育相结合，既能丰富和充实教学内容，帮助学生习得自主学习的好习惯，又能促进学生的意志、团结、合作、勇敢精神的养成，从而进一步弘扬中华民族的谦虚、善良的传统美德。同时，民族传统体育也是一种培养民族认同、弘扬民族精神的有效途径。

（五）促进经济发展

体育文化需要物质的支持，而各种民族传统体育活动又需要人力、物力、资金等资源的支持。因而，广泛、深入地进行民族传统体育活动，其经济价值是非常可观的，它可以增加产业门类，促进经济振兴和发展。由于民族传统体育的普及，其经济价值得到了充分的体现。

因此，各民族传统体育所产生的观赏、娱乐效果，都可以被视为一种产业。在外部，它以其神秘的风格和新颖的感觉而引人入胜；在内部，它以其一贯的形式和亲切的感情影响着人们。不管是参加者，还是观众，都可以从中得到不可取代的快乐。通过这样的关注度、参与面、辐射力，可以使传统体育赛事的举办方在发展商业的同时，取得明显的经济效益，从而促进乡村、区域、民族的经济发展。

宋代城市中的瓦肆就为广大体育艺人提供了施展自己能力、获取经济报偿的条件，它在获取经济效益的同时也有力地推动了古代传统体育活动的开展。20 世纪 80 年代末开始，中国部分民族传统运动逐渐走向国际化，同时也在积极地扩大自己的活动范围，由此带来的联动效应推动了民族传统体育的产业化。中国许多武术用品生产厂家就是在这样的群众基础上产生和发展起来的，而遍布全国各地的上万家武术馆校平均每年的习武收入超过 100 万元，由此带来了良好的经济效益。还有像中国武术打擂台赛的广泛影响，也同样蕴藏着巨大的经济利益。全国几千万武术爱好者的关注和投入是支撑武术这个庞大市场的基石。20 世纪 90 年代以来，中国举办的一系列武术节产生了良好的经济效益，部分城市因举办某个武术节而获得上亿元投资已经不是什么新鲜事了。而其他少数民族的传统体育活动则聚集了大量的人流、物流和资金，对当地的经济发展起到了很大的推动作用。

如今时代正在高速进步和发展，人们对于精神本质和自身生命品质也在不断追求，民族传统体育必将走上新的道路，必将在人们的生活中以更高的地位发挥出更大的作用。

（六）增强民族认同感和凝聚力

民族传统体育具有普遍性、亲和性、地域性、民族性等特征。参加民族传统体育活动的人们能够通过情感交流、思想交锋、意志考验，不断加深彼此的了解，进而培养民族认同感，增强民族内部认同感，进而促进民族团结，从而实现国家和社会和谐的目的。如舞龙、舞狮、踩高跷、赛马、拔河、斗牛、摔跤等民族传统体育项目，参加者除了有强烈的竞争意识，也有一种集体荣誉感。蒙古族那达慕大会是一种很好的群体活动，它可以很好地促进蒙古族人的文化认同，这对难得聚会的游牧民族意义非凡，是一个很好的交流机会。这既能有效地促进蒙古族人民之间的情感交流，又能促进内部文化的融合。

通过参与民族传统体育的集体活动，可以提高人们的团结协作精神，增强人们的集体意识，从而提高民族自豪感和凝聚力。某些节庆、特殊时节的民族传统体育活动是以家庭、社区、村寨等为主体的运动形式，使每个参与单位都能感受到同一运动的乐趣和意境。特别是一些具有高度竞争性的体育项目，可以培养参加者的集体荣誉感，将个人和集体的荣耀融合在一起，从而实现成员之间的相互认可。

作为一种文化载体，民族传统体育在各民族之间发挥着沟通的桥梁和纽带作用。大力发展民族地区体育事业和互动，有利于加强民族团结，实现富民、兴边、康体、强国、睦邻。

（七）增进国际交往

体育是全球范围内的一项社会文化活动，它要求人们在特定的体育规则和行为准则的制约下，积极地发展人与人之间的交际。由于不同的文化背景，不同的国家的人们在世界上形成了自己的价值观和人生观。20 世纪 70 年代，我国在美推行“乒乓外交”，以小球转“大球”，正是体育作为一种社会文化活动增进国际交往的典型例子。通过运动竞赛，人们可以相互学习、交流，从而为各国、各民族间的相互了解和沟通创造条件，缓解文化冲突，增进文化交流，加深各国和民族间的相互了解，减少甚至消除隔阂。

二、民族传统体育文化的传承

（一）民族传统体育文化传承的方式

我国有着数量众多的民族，因此传统的体育项目在不同的地区和民族有着不同的传承方式。

当我国民族传统的体育文化站在本源和特征的层面来看，其传承方式主要可以分为两种，一是血缘传承，二是拟血缘传承。血缘传承主要指的是亲人之间血缘性质的传承，如父传子等。其中，最具有代表性的血缘传承方式就是“传儿不传女，传内不传外”，简单来说就是在传承的时候将儿子或者本族后裔作为接班人。拟血缘传承主要指的就是模拟血缘关系，从而最终建立的传承方式。通常情况下，顺利建立此种关系往往是由各种师徒关系来实现的。

当我国民族传统的体育文化站在表现载体的层面来看，传承方式又可以分为家族传承、村屯传承以及节庆活动传承等。家族传承主要指的是居住在一起的少数民族中存在血缘关系的宗族，由他们一起举行带有一定体育特征的文化活动。这些有着体育特征的文化活动，无论是形式还是内容，在有着不同血缘关系的宗族当中是相同或者类似的，由此构成了有着我国非常独特文化意义的传统习俗。例如，我国的少数民族仫佬族就是以全家族祭祖的形式，祈求农作物获得大丰收，同时在“冬头”的带领下开展和组织一系列的民族传统体育文化活动。村屯传承主要指的就是村民们一起遵守着村规民约，以一村或者附近的几个小村为基本单位，在已经确定好的时间当中组织各户各家参与，在确定好最终举行场地的时候，维持在一定时间内的民族传统体育文化活动。节庆活动传承主要指的是在某一特定的主题活动当中组织和开展丰富多彩的传统体育文化活动，如舞龙活动、舞狮活动等，除此之外，还有很多民族传统的体育文化活动，可以充分反映不同地区的少数民族特色，如仫佬族的“打猪脚”、壮族的“打花炮”等。

各种不相同的民族传统体育文化活动，不仅有着不同的体育文化活动传承方式，同时也有着不相同的时间范畴，以及不相同的地理空间。除此之外，各种民族传统体育文化活动传承方式的形式和内容也各有千秋。总体来看，我国的民族传统体育文化活动的传承方式主要是一个相对比较小的地理空间，以及比较固定的民族群体当中世代延续和传承的。

（二）民族传统体育文化传承的媒介

1. 制度媒介

制度媒介是为了可以更好开展、继承与发展我国数量众多的民族传统体育文化活动，相关部门针对这些优秀的民族传统体育文化活动开展的各种规范化，以及制度化的有效工作。例如，由我国定期组织和举办的全国少数民族传统体育运动会，并且将其列入《国务院实施民族区域自治法若干规定》里面，由民间自发组织上升为国家行为。同时，党和国家的相关领导人都会参与每一届的全国少数民族传统体育运动会的开幕式。在党的十一届三中全会以后，我国相关部门为了可以使得我国民族传统体育文化活动可以更加地规范化和制度化，通过各种深入的研究和探索，做了很多的积极工作，如对承办全国民运会的申办方法进行大量的分析研究之后重新制定申办方法等。与此同时，为了可以更好地保护我国民族传统体育项目与体育文化，以及促进我国民族传统体育更好的发展，专门出台了很多政策用来促进其进一步的发展，从而使民族传统体育项目的生存空间得到有效的保证。除此之外建立健全各种竞赛和管理的制度，以便于我国民族传统体育得到更好的传承和进一步的发展。

2. 教育媒介

通过综合分析我国体育运动发展历史，以及国外体育运动发展历史，我们可以发现大多数情况下，学校体育在体育运动项目从产生、普及到流行、提高的过程当中，起着非常独特的教育媒介作用。简单来说，就是传承和发展民族传统体育文化的主要阵地就是学校。在民族区域自治地区当中的学校要充分利用各种条件，将一些民族体育项目融入体育教育当中，需要注意的是这些传统的民族体育项目除了要有着非常浓烈的民族特征之外，也要具有相应的技巧性和竞技性，如侗族的“抢花炮”等。这些传统的民族体育项目，除了充分依靠少数民族地区的相关体育管理部门之外，也一定程度上协同该少数民族地区的相关教育行政部门，在学校开展各种不相同、丰富多彩的民族传统体育教育，从而为我国的民族特色体育项目培养大量优秀的后备人才。

3. 节庆媒介

众所周知，我国在节日期间基本都会组织和开展各种民族传统体育文化活动，并且这些丰富多彩的民族传统体育文化活动，除了各自蕴含着不同的民族历史和文化之外，同时也在一定程度上作为载体与介质，促进我国的民族传统体育文化得到更好的传承和进一步的发展。可以说，节庆媒介除了促进我国民族传统体育存在和发展的主要方式之外，也是我国民族传统体育生产和进一步发展的途径，对促进我国民族传统体育文化有着十分重要的意义和作用。在我国众多的传统民族节庆活动当中，有着很多和民族传统体育相关的内容，如在提到我国的传统节日“重阳节”的时候，人们就会自然而然地想到“登高”。节庆活动作为人类文化的形式，是非常重要的组成部分，除了能够将当地民俗、民风充分地展现出来之外，也可以将该地独具民族特色的民间艺术呈现在人们眼前，同时在某种程度上将该地区人们的生活与民族传统进一步展现出来。

（三）民族传统体育文化传承的内容

1. 物质层面的竞技性民族传统体育

此种民族传统体育大多数情况下以物质的形式展现出来，同时在展现的过程当中用竞技的方式表达出来。例如，我国的舞龙活动和舞狮活动，不仅以龙的物质造型和狮子的物质造型的形式展现出来，同时也经常采用人们相互之间竞标夺魁的具体方式，以及相互之间争取输赢为目的的具有竞技性的民族志传统体育活动。除此之外，我国在物质层面的竞技性民族传统体育活动还有很多，形式多种多样，如仫佬族的祭社王、藏族的古朵等，并且这些物质层面的竞技性民族传统体育活动基本上都有骑马、射箭等。

2. 物质层面的非竞技性民族传统体育

此种民族传统体育虽然以物质的形式展现出来，但是和竞技性的民族传统体育相比较是一种相反的民族传统体育，它不以竞技的方式为目的。同时，此类非竞技性的民族传统体育活动大多数情况下依托相应的物质条件，从而最终达到组织和举行此类体育活动的纪念、娱乐等目的。例如，彝族的跳火绳、苗族的跳竹舞等都是我国民族传统体育活动的具体内容和形式。同时，需要注意的是我国的各类传统武术项目也属于物质层面的非竞技性民族传统体育的范围。

3. 精神层面的竞技性民族传统体育

此种民族传统体育和物质层面的民族传统体育相比较有着一定程度的差别，它主要通过非物质或者很少物质材料的形式体现出来，同时再通过各种不相同的竞技方式表达出来。其中，比较具有代表性的就是我国传统舞蹈歌曲类体育项目，如壮族的唱山歌等。

4. 精神层面的非竞技性民族传统体育

精神层面的非竞技性民族传统体育和同一个层面的竞技性民族传统体育相比较，虽然都是以物质的形式展现出来，但是却不是以竞技方式为主要目的。精神层面的非竞技性民族传统体育和我国传统体育文化的思维方式有着比较紧密的关系，可以说是受到了重视表演过程和轻视竞技的思维方式的影响。例如，傣族的泼水节、维吾尔族的叠罗汉等。

（四）民族传统体育文化传承面临的问题

1. 传统传承方式的不足

我国的民族传统体育文化多种多样，虽然传承的方式有很多，但是大多数的民族传统体育文化的传承局限在某一个相对比较固定的文化空间、民俗语境，以及地理区域和群体分布当中。这些民族传统体育文化的传承在此影响下，大多数也以本土化的方式出现，因此也使得这些优秀的民族传统体育文化大多数被固定于某一个特定的地理区域当中，只有很少数的民族传统体育文化会在部分群体当中产生相应的流动。也正是因为如此，我国传统的民族传统体育文化很难实现广泛的传播和生根。

随着经济全球化的不断发展，我国和西方国家在体育方面的沟通和交流越来越多，因此以竞技体育为主导的跨区域传承，以及与其相对应的传播模式，在西方国家竞技体育传播和发展的进一步冲击，以及广泛的影响下，同时再加上我国在民族传统体育文化传承方面研究和探索出来的丰厚经验，无论是跨区域传承还是传播模式都得到了一定的发展，同时也都取得了很好的效果。随着时代的进步和科技的发展，我国的民族传统体育的传承方式在社会的不断变化以及社会结构不断变迁的深刻影响下，传承的方式发生了一定程度的改变，开始慢慢地突破以民族传统体育文化的本源与特征来划分的血缘关系与拟血缘关系，民族传统体育文化传承方式向着以契约关系为主导的方式转变，从而最终实现交错和现代的传播。

通过以上的内容，我们可以看出来，随着时代的进步，以前民族传统体育文化传承的方式已经无法跟上时代潮流的步伐，因此构建血缘关系、拟血缘关系与契约关系，三者之间相互补充、共同生存的民族传统体育文化传承方式，以及将民族传统体育文化的传承方式转变为本土化和跨区域共同发展的模式，才是传承方式改善和发展的主要方向。

2. 传统传承媒介的缺陷

民族传统体育文化传承的媒介无论是主要的传承媒介，如制度化、节庆化等，还是传统的传承媒介，如电视记录等，假如没有对这些传承媒介做出根本性的改革和完善，就会使得这些传承媒介的内部存在某种程度的缺陷。

制度化是我国民族传统体育文化主要的传承媒介之一，它可能产生“一刀切”的不良后果，打破我国各个民族传统体育文化之间的有效传承，以及进一步发展的平衡状态，也有一定的可能放大已经存在的不平衡状态，从而在人为层面产生不公，最终使得我国各个民族之间产生矛盾。教育化在传承的内容方面也涉及了很多的问题。在组织和举办的各种宗教体育活动当中，巧妙地将宗教信仰的严肃性和民族传统体育文化的娱乐性结合在一起，仍然是我国在民族传统体育文化当中的研究课题。与此同时，节庆活动作为民族传统体育文化传承的节庆媒介，呈现一种过分注重形式和消费，以及轻视民族传统体育文化传承的内容和鉴赏的发展趋势，面对此种情况，应该开展多方面的研究和探索，除了要研究保持我国民族传统体育文化活动的本意之外，也应该研究怎样做才可以将我国的民族传统体育文化活动进一步地发扬光大。

3. 传统传承内容的局限

在对民族传统体育文化传承的具体方式和介质进行改善的过程当中，假如没有对民族传统体育文化传承的内容进行相应的调整与改善，就会使得无论是民族传统体育的传承，还是民族传统体育的进一步发展，都只是流于表面的形式。简单来说，就是没有民族传统体育文化的内容，民族传统体育文化也就是失去了相应的意义。其实，传承内容因为价值性和社会性等特点，并不是都能够通过传承媒介的，民族传统体育文化的传承内容也可以通过血缘关系、拟血缘关系以及契约关系等，在本土和外域之间相互进行良性文化的交流和教育。因此，在这样一个全新的时代，我国的民族传统体育文化想要适应社会环境的发展要求，依旧需要对其优化，只有这样才可以将民族传统体育文化的交流功能、教育功能以及传播功能等进一步地发挥出来。

虽然，有的民族传统体文化可以传播、传承与发展，但是有的民族传统体育文化并不适合传播、传承和发展，如带有性别和地域歧视的民族传统体育文化等。想要这些民族传统体育文化得到发展，需要在充分遵循文化发展规律的基础上，对这些民族传统体育文化进行相应的规范、限制和改革，甚至淘汰一些严重背离文化发展规律的民族传统体育。在一定程度上使得这些民族传统体育文化得到进一步的传承与创新，在这些民族传统体育文化当中培养有竞争力和代表性的，这样不仅可以为国家文化软实力的建设提供条件，同时也可以在某种程度上为我国文化软实力的进一步发展创造很好的外在条件。

4. 传承人面临的诸困境

传承人是我民族传统体育文化传承的关键与核心，同样的传承人面临很多的困境。文化是我们人类在实际的生产活动和生活活动过程当中的产物，无论是最开始的初衷，还是最终的归宿都是我们人类自身。因为，文化的载体都是我们人类自身，所以在解决我国民族传统体育文化传承的问题上，其实还是要解决民族传统体育文化的传承人面临的诸多困境。

（1）使命感与责任感

现如今，社会的结构和环境随着时代的发展，以及科技的进步产生了很大的变化，尤其是我们人类在市场经济的强烈冲击和影响下，无论是历史的使命感，还是社会的责任感都在某种程度上受到了挑战。在民族传统体育文化发展的过程当中将其作为特定的事业或者特定的职业，无论是民族传统体育文化的传承人，还是民族传统体育文化的群体均应该坚定使命感和责任感，并且在民族传统体育文化的进一步坚守，以及努力追求名利的过程当中，保持和稳定在一个相对平衡的状态。民族传统体育文化的传承人在面对此种情况的时候，应该对其进行多方面的思考和探索，除了从应然的角度对传承人提出相应的要求之外，也要站在实然的层面去深入理解传承人，以便于可以更好地帮助他们，从而可以使得民族传统体育文化的传承人，无论是在荣誉方面，还是在利益方面都能够得到充分的保障。

（2）文化视野

民族传统体育文化的传承人在特定的使命感和责任感的驱动下，传承人的文化视野无论是对其传承还是未来的发展都有着一定程度的直接影响。假如民族传统体育文化的传承人没有融合的关系与相对的能力，就是使得传承与发展处于一种比较低的水平和层次的不良层面，甚至出现传承和发展无法紧随时代发展的步伐变得倒退与落后，从而最终无论是在生存方面，还是在发展方面都面临着很大的压力。因为我国的民族传统体育文化处于各种不相同的地区和民族，所以这些民族传统体育文化的内容也千差万别，同时民族传统体育文化的传承人无论是在待遇、影响，还是在发展水平方面也都是不同的，受其影响民族传统体育文化的传承人在文化视野方面同样有着很大的差异。

（3）价值取向

民族传统体育文化传承人的价值取向，无论是对民族传统体育文化的传承，还是对民族传统体育文化的发展方向，有着非常直接的影响。简单来说就是价值取向在某种程度上来说，对展现与其相对应价值取向的文化有着决定性的作用。因此，我们也可以推断出传承人的价值取向同样对民族传统体育文化有着决定性的作用。民族传统体育文化传承人的价值取向具有多样化的特性，是客观现实的存在，此种多样性不仅有好的一面，也有不好的一面。在先进的文化价值观和共同的价值观当中，怎么样将具有多样化特性的价值取向成功其融入其中是问题的关键所在。需要注意的是，现如今我国随着时代的发展，无论是市场和社会的多元，还是利益的多元，想要成功解决这一问题，强制性的牵引是不可取的。虽然，不可以对其进行强制性的牵引，但是需要对其适当的指引、引导与规范，假如不采取任何措施，放任市场化的推动，那就会使得其价值功能面临巨大的挑战。

（4）价值保障

民族传统体育文化的传承人在实践价值层面无法对其相对应的认可和保障，

就会在一定程度上挫伤和损害其积极性和利益，从而最终对我国民族传统体育文化的传承，以及进一步的发展产生最根本的影响。所以，为了可以充分调动民族传统体育文化传承人的积极性，以及在实际社会生活当中去引起更多人的关注和支持，引起更多人的兴趣从而吸引人们去主动参与到民族传统体育文化当中，最终促进民族传统体育文化得到一个更好的发展，必须解决怎样保护好民族传统体育文化传承人的正当利益这一问题。

（五）民族传统体育文化传承和发展意义分析

随着时代的发展，越来越多的人开始关注健康，同时随着我国颁布的一系列全民健身的措施，可以看出来我国对全民运动健康的注重和强调。除此之外，随着我国对民族传统体育文化的继承、发扬以及创新，不仅将体育活动的类型进行了全面的拓宽，也在一定程度上进一步满足了人们在实际社会生活当中对体育活动的各种要求。众所周知，国民经济想要得到快速的发展，就需要人们有一个非常健康、强壮的身体素质，因为这是促进国民经济发展的重要基础，在此影响下我国众多与其相关的部门都非常重视人们在体育方面的锻炼，因为只有强健的体魄才可以更好促进人们的发展，所以强调和注重体育锻炼对促进人的全方位发展有着非常重要的作用和意义。也正因如此，民族传统体育文化在传承和进一步发展的时候，我国在体育运动方面投入了很大的力量用来宣传和推广，引起人们对体育运动的兴趣，调动其参与体育运动的积极性，从而让更多的人参与到体育锻炼当中，使人们进一步认识到体育锻炼对促进其发展的重要性，通过体育锻炼将人们思想意识和想法进行有效的转变，从而最终帮助人们快速提升身体素质，得到更好和更全面的发展。与此同时，人们在实际生产和实际生活当中，随着我国综合国力以及社会经济的快速发展，生活压力变得越来越大，人们在参与某种体育活动的时候，除了可以丰富人们的业余生活，也可以在一定程度上放松人们的心情，以及充分释放人们在实际生活当中的各种压力，同时使人们无论在身体方面还是在心理方面都得能够得到很好的发展，从而最终促进社会的和谐稳定发展。

现如今随着全球经济一体化的不断加深，越来越多的国家敞开国门和其他国家进行深入的文化沟通和交流，在一定程度上有效地促进国与国之间的文化沟通和交流。我国大力发展和推广民族传统体育文化，不仅可以使得我国和其他国家之间的文化沟通和交流进一步增强，同时也可以将独属于我国的传统文化特色展现出来，以及上下五千年积攒的浓厚文化历史充分地表达出来。例如，在我国有着悠久和浓厚文化历史的武术文化，和其他国家相比较有着非常强烈的独特性，在和其他国家进行交流和沟通的过程当中，充分地向全世界展现出了独属于我国的传统体育文化的魅力，吸引了不同国家人的眼光和兴趣，并且有很多人开始学习独属于我国的武术文化。通过上面的内容，我们可以看出来，促进我国传统民族体育的发展，不仅可以吸引更多优秀的人才，使其参与到民族传统体育文化的传承与创新，同时也可以在一定程度上促使我国建立文化强国。

体育文化不仅蕴含着民族文化精神，也蕴含着一定的体育精神，同时也可以教育和培养人们的思想意识，从而最终帮助人们形成正确的三观，以及良好的思想道德品质。也正因如此，传承和发展我国的传统民族体育文化，除了可以将我国的传统优秀品质进一步发扬光大之外，也可以在传统民族体育文化传承和发展过程当中，为这些优秀的品质赋予新鲜的元素，不仅使得这些优秀的传统品质可以在一定程度上重新焕发光彩，也使得人与人之间的相互交流与相互沟通进一步增强，从而最终促进我国构建一个和谐稳定的社会。例如，端午节的赛龙舟作为独属于我国的传统民族体育文化活动，参与这项传统民族体育文化活动的比赛选手经过长时间的训练，在最终比赛的时候通过选手与选手之间非常默契的配合与支持，快速提升整体团队的力量，从而最终获得比赛的胜利。组织和开展独属于我国的传统民族体育文化活动，除了可以在一定程度上帮助和促进人们对独属于我国的传统节日有一个非常正确的认知之外，也可以使人们在参与这些传统民族体育文化活动的过程当中，进一步感受和体会到诸多优秀品质的魅力，如团结合作、努力奋斗等，从而使得人们的民族精神和爱国精神得到一定程度的增强，以及快速提升我国全体人民的身体素质。

第四节　民族传统体育文化的创新发展

一、民族传统体育文化传承路径分析与建议

（一）“传承人”发展路径分析与建议

众所周知，民族传统体育文化的缔造者就是传承人，同时他也是民族传统体育文化的传承者。传承人是民族传统体育文化传承探讨的首要问题，目前主要的研究方向和重点是我国的非物质文化遗产传承人，如充分围绕着这些传承人的保护模式、身份认定等相关问题，开展大量的研究和深入的探讨。除此之外，还面临着这一种困境，那就是这些民族传统体育文化的传承人群呈现一种缩减的趋势。随着我国经济的不断发展，越来越多的少数民族居民开始在城镇化的过程当中，搬迁进入城市，并在城市当中定居下来，这样就在一定程度上使得越来越少的人从事我国民族传统体育，最终使得这些文化传承被冷落，以及民族传统体育文化传承人的生存状况堪忧，严重的出现了断层或者消失的状况。由此，我们也可以看出来，随着时代的发展，现如今广大人民群众的关注点已经和这些传承人的关注点出现了严重的差异。

我国民族传统体育文化的传承人在“以人民为主体”的理论基础上，其最终的发展路径除了要推进和做好与文化传承人一系列的相关工作之外，同时也要尽可能地去全面落实“全民都是文化传承人”的一系列相关工作。现如今，在我国的非物质文化遗产项目当中，这些优秀的文化传承人在其中都有着重要作用和意义。因此，要不断地反思和思考现今民族传统体育文化传承人的认定制度与相关标准，将这些民族传统体育文化传承人的认定标准进一步细化，并且在全国范围内逐步推进备案制度，以及和人民群众相关的群众推荐制度。尤其是在民族传统体育文化的传承人，以及相关的传承文化面临困境的时候，要对这些优秀传承人的生命进行特别的强调和注重，开启“绿色审批通道”以及对“集体传承人”进行深入的研究和探索，并且最终建立认定办法。除此之外，也要为这些优秀的传承人群定期组织和开展各种研修计划和培训计划。

传承人除了是我国的非物质文化遗产的传承人之外，也是一个社会个体，这

些社会个体在一定程度上来说，不仅是认识和接收我国民族传统体育文化的主体，同时也是传播的主体。在人们的实际生产和生活当中，这些优秀的民族传统体育文化本就深深地扎根其中，同时承载的人类文明基因不仅始终和人类社会有着紧密的联系，和每一个社会个体密不可分，相伴而生。因此，可以将“全民都是文化传承人”这句话理解为，全国人民不仅是文化缔造者和传播者，同时也是文化的承受人和受益人。想要成功实现这一目标，政府要做好相应的主导工作，为全国人民打造一种深入学习我国传统体育文化的良好环境和气氛。同时，进一步加强每一个社会个体文化传承的自觉性，可以主动接受我国的优秀民族传统体育文化教育和相关培训，参与各种文化传承活动和文化推广活动。

（二）“传承场”发展路径分析与建议

1. 文化输出平台

民族传统体育文化的传承是多方面的，除了要在我国各个民族当中、各个民族之间，以及整个国家当中进行文化传承之外，也要进一步强调和重视与海外文化的深入交流、沟通和输出，构建对外输出的文化平台和窗口，如“孔子学院”“中国馆”等。由此，我们也可以进一步看出来，我国优秀的民族传统体育文化传播、发展的重要“传承场”，就是我国构建对外输出的文化交流平台和窗口，这些文化交流的平台和窗口将我国优秀的文化“传承物”向全世界展现了出来，同时也在一定程度上不仅使得全世界认识了我国的优秀民族传统文化，也使其对我国的优秀民族传统文化有了更深一步的了解。

2. 信息化的新媒体

互联网技术随着时代的发展和科技的进步已经趋于成熟，它在一定程度上使得我国的优秀传统文化和现代的文化产生了强烈碰撞，主要表现在时间张力上两者的冲突，以及两者之间的相互融合。根据《中国文化发展报告（2017）》的相关数据显示，现如今人们关注文化信息最主要的途径和方法就是互联网。当前，我国众多的青少年在新媒体发展的影响下，其消费的潮流呈现出一种“碎片化”以及“快餐式”的发展趋势，这在一定程度上不仅对我国优秀的民族传统文化产生了非常强烈的冲击，同时也对我国的民族经典文化有着不小的影响和冲击。因此，我国优秀的民族传统体育文化想要生存，以及获得进一步的发展，需要站在互联网信息化时代的角度和环境去进行深入的研究和思考。我国的民族传统体育文化在这样一个全新的媒体时代下，其文化传承和发展的主要有效载体就是丰富多彩的媒体形式，以及各种新媒体平台，这些新媒体的形式和平台在一定程度上为我国的民族传统体育文化的传承，以及民族传统体育文化的进一步发展提供了一个很好的机遇。

我国民族传统体育文化在互联网信息化时代的影响下，其传承创新的主要形式发生了一定的改变，向着“互联网＋文化传承”的形式转变。因此可以采取以下措施来促进其发展：一是在全国范围内建立和我国优秀的民族传统体育文化相关的数字博物馆，通过各种先进的技术手段赋予这些优秀传统文化一定的生命力；二是构建各种和我国民族传统体育文化相关的平台和窗口，使得无论是传承物还是传承人，都可以借助这些平台获得更好的传播，从而使得我国的青少年群体对我国优秀的民族传统体育文化有着更深一步的认识和了解；三是构建各种和我国优秀的民族传统体育文化相关的虚拟技术和数字化体验场景，从而让更多的人通过各种先进的虚拟技术，在各种不相同、丰富多彩的虚拟场景下，进一步真实的感受和体验我国古代的各种体育项目，如马球、蹴鞠等。我国优秀的民族传统体育文化在此种全新的互联网信息化时代，以及新媒体环境下，要灵活的改变，在不断变化和发展的环境当中寻求更好的传承和发展。

（三）“传承物”发展路径分析与建议

通常情况下，传承载体与传承品组成了“传承物”，“传承物”不仅是文化自身的媒介，同时也是承载文化的媒介。众所周知，我国民族传统体育文化的展示和传承除了依赖于符号、文字等，也在一定程度上通过各种不相同的载体来展示与传播。从我国优秀的民族传统体育文化结构的层面来说，其传承载体主要可以分为三类，一是器物技术，二是组织制度，三是意识形态。随着我国民族传统体育文化的发展，党和国家也在近年来开始逐渐重视和关注其主要内容，也就是对我国的非物质文化遗产当中的传统体育的进一步挖掘，以及对其进行有效的整理和保护，从而使其得到更好的传承和发展。

现如今，想要在联合国非物质文化遗产当中，进一步提升我国优秀的民族传统体育文化项目的地位，需要不断丰富和完善我国非物质文化遗产名录当中各种与其相关的民族传统体育文化项目，如我国的传统体育文化项目中国武术当中的太极拳，经过不断的努力申请，终于将其成功地列入联合国非物质文化遗产名录之中，从而在国际上进一步提升我国优秀的民族传统体育文化的影响力。随着时代的发展和进步，想要使我国的体育非物质文化遗产得到全面系统的完善和发展，需要在全国范围之内构建非物质文化遗产保护中心，并且在建立的时候要有一定的顺序，简单来说就是按照联合国非物质文化遗产的名录，分别对应我国的国家级别、省部级别和市部级别的非物质文化遗产名录，从而最终构建一种良好的金字塔式的生态发展模式。

时代在发展，科技在进步，现如今我们已经处于互联网的信息化时代，无论是想要充分地做好我国优秀的民族传统体育文化重要载体的保护工作，还是想要做好与其相对应的传承工作，首先要做的就是要站在先进科技的基础上充分地利用好体育博物馆。除此之外，也要充分地保护和传承非遗之外优秀的民族传统体育文化。互联网信息化时代，想要充分保护和进一步传承我国优秀的民族传统体育文化，体育博物馆在其中有着不可替代的重要作用。我国在 1990 年构建了第一座体育博物馆之后，先后在全国范围内构建了 100 多座各种不相同级别和类别的体育博物馆。体育博物馆在我国优秀的民族传统体育文化当中有着十分重要的作用，它作为平台和窗口，除了传承和传播我国优秀的民族传统体育文化的传承物和相关知识之外，也进一步促进了我国和世界各国体育文化的交流和沟通。同时，体育博物馆在传承和发展我国优秀的民族传统体育文化的过程当中，为了使体育博物馆影响力能够得到快速的提升，需要组织和开展各种与其相关的活动，如体育文物巡展、体育博物馆讲坛等，当然除了开展和组织各种活动之外，还应该建立国际性的专业体育博物馆，以及省级综合性的博物馆分馆。

（四）“传承机制”发展路径分析与建议

1. 教育传承方式

在我国优秀的民族传统体育文化传承和教育的过程当中，想要在全国范围内做到教育传承全面覆盖，可以采取以下几点：第一，除了要在学校和课堂当中将我国优秀的民族传统体育文化融入其中之外，也要在全国范围内的民族类高等学校开设与其相关的民族传统体育专业，以便于为我国培养出更多的民族传统体育高级人才。第二，在我国众多少数民族地区的高等教育院校开设与其相关的体育专业或课程。第三，在我国众多少数民族地区的中等院校开设与其相关的必修课程和文化节，并在省级综合性运动会和市级综合性运动会当中，尝试性地将这些民族传统体育项目加入运动会当中。

2. 理论传承方式

在我国优秀的民族传统体育文化传承，以及不断发展的过程当中以学科为导向，并且在完善我国民族传统体育科学硬条件和软条件的时候，从三个层次来进行，分别是宏观层面、中观层面与微观层面。我国民族传统体育发展的过程当中，其主要的理论传承需要按照学科创新的发展方向来进行，除了可以有效地解决目前实际社会当中急需解决的诸多问题，也可以在某种程度上使得我国优秀的民族传统体育学科的社会组织建设进一步加强。

3. 国际交流传承方式

随着经济全球一体化趋势的不断发展，我国和世界各国的经济、政治、文化的交流和沟通也越来越频繁和深入，我国优秀的民族传统体育文化传承可以借助各种对外交流的平台和窗口，如“孔子学院”“一带一路”等，在全球范围内对其进行广泛的文化传播。例如，在开设的“孔子学院”当中开展和组织各种与其相关的活动，如文化展示活动等，向学生和教师全面展示我国优秀的民族传统体育文化，从而促进其更好的传播和发展。随着我国与世界各国的进一步交流和沟通，国外越来越多的学生来到我国，开启了他们的留学生活。在我国民族传统体育文化传承和发展的过程当中，为留学生开设与其相关的体育课程，并且在对留学生教学的过程当中从文化传播的视角来进行。我国众多优秀的民族传统体育文化在国际交流传承的方式下，不仅要进一步加强我国与国外民族体育传统文化的深入交流，以及广泛的传播，同时也应该着重强调和关注我国众多优秀的民族传统体育文化的自信和认同，在对我国的民族传统体育文化传承的看法或态度上找出共同点，保留不同点，深入我国与世界各国的体育文化交流与合作，从而进一步促进我国诸多优秀的民族传统体育文化传承的新发展。

（五）传承路径关系的逻辑分析

在我国民族传统体育文化传承和发展的过程中，想要对其传承进行深入的研究和探索，首先要理清传承人、传承物、传承场以及传承机制这四个要素之间的联系，其次要将这四个要素充分融合，只有这样才可以更好地做好与其相关的传承工作。同时，需要注意的是，在这四个要素之中，传承人有着非常重要的作用和地位，对其他三个方面来说，传承人有着选择和组合的意义。民族传统体育文化的传承人选择的传承物，以及在哪一个传承场来进行，到最后形成的传承机制都是不相同的。传承人、传承物、传承场以及传承机制这四个要素，在我国的民族传统体育文化的传承路径之中相互影响和促进，其最终的目的是可以使得我国诸多优秀的民族传统体育文化可以有一个相对科学和规范的传承路径。

二、民族传统体育文化的创新发展策略

（一）拓宽文化传播路径

随着互联网信息化快速发展，我们已经进入了新媒体时代，这不仅使得人们获取信息的方式和方法发生了改变，同时也使得人与人之间相互传播信息的方式也发生了很大的改变。新媒体随着互联网信息化的快速发展，使得表层信息的传播方式以及表层信息的舆论呈现从根本上发生了转变，同时也打破了以前传统媒体的传播方式和格局。现如今，文化传播的途径随着全球化趋势的不断加深，呈现多角度的发展状态，如随着互联网信息化的发展，文化传播主要是通过各种先进的科学信息技术来进行的。

随着全球化的不断深入，应从全球化视野的角度去考虑，让更多的人去认识、了解我国众多优秀的民族传统体育文化。

（二）突出民族内涵特色

我国民族数量众多，正因如此，我国优秀的民族传统体育文化发展的精髓内涵就是民族性，同时民族性也将我国各民族当中的实际社会生活充分真实地展现出来。我国的民族传统体育虽然是在一个相对比较封闭的状态下形成的，但同时又将各个民族的不同传统文化紧紧地包裹在一起，所以我国各个不同民族的传统体育在相互传承上，其文化体系又具有一定的完整性。想要使我国的民族传统体育得到快速的发展，不仅要对我国各个民族中的风俗习惯和人情等有一个充足了解和深刻的认识，同时也要在此基础上使我国民族传统体育文化发展的精神内涵民族性，在民族传统体育文化的形式上充分地展现出来。

大多数情况下，我国众多优秀的民族传统体育项目不仅有着属于自身民族的政治、历史特色，同时也有着独属于自身的文化和故事特色等。例如，主要分布在我国海南省的少数民族黎族，其竹竿舞有着非常悠久的发展历史，宋代时期，

流放至此的苏轼在即将离开海南的时候，很多黎族的百姓为其欢送，苏轼深受感动，写下了“蛮舞与黎歌，余音犹杳杳”的优美诗句。由此，我们也可以看出来，竹竿舞的民族历史文化内涵非常的丰富，同时从某种程度上来说也有着非常独特的民族文化特色。

（三）创新互动发展模式

我们都知道，民族进步的主要灵魂和标志就是创新，因此民族的现代化和创新有着非常紧密的联系。我国优秀的民族传统体育文化在发展的过程当中想要创新，除了需要舍弃固守民族自身的传统体育文化、拒绝外来体育文化的思想之外，也要接受对我国传统体育文化发展有利的全新思想，并且在接受的过程当中要用一种开放的姿态。

我国的民族传统体育文化在全球化不断加深的趋势下，除了要将我国传统体育的人本思想和内涵发掘出来之外，也要在面对西方国家竞技体育挑战的时候保持一种积极向上的能力和态度，并且在此过程当中吸收其优势所在。除此之外，想要促进我国民族传统体育文化的发展，也要积极创新其自身文化发展的途径和方式，将我国优秀的民族传统体育的朴实特性充分地展现出来，从而使我国的民族传统体育文化可以在全球化发展的潮流当中保持自身的传统特色，同时也要不断地增强我国传统体育和世界体育文化的相互交流、沟通和联系。现如今，在国际比较重大的赛事当中，我国的民族传统体育项目也仅仅是作为一个表演节目出场，如北京在 2008 年举办的奥林匹克夏季运动会中的武术表演等，虽然在国内外引起了非常强烈的反响，但是依旧属于表演的特质，如果把传统和现代的体育两者融合在一起，创建一种全新的互动体育竞技模式，使传统体育和现代体育在比赛当中各占一半，对我国的民族传统体育文化发展来说是极为有利的，可以在很大程度上促进其进一步发展。

（四）实现现代创新改造

在我国众多优秀的民族传统体育文化发展的过程当中，要用开放的角度和思路去进行，尤其要注意趣味性、观赏性以及锻炼价值这三个方面。现如今全球化趋势的不断加深，对当前的互联网信息时代的进一步发展有着很大的影响，我国众多优秀的民族传统体育文化想要实现创新性的发展，除了需要紧随互联网信息化时代潮流的步伐之外，同时也要努力吸取现代体育当中的一些带有娱乐属性的元素。我国优秀的民族传统文化想要在发展的过程当中向着现代化进程迈进，实现现代化，需要在我国民族传统体育文化的基础上不断吸收西方近代体育的精髓，取其精华，去其糟粕，使得我国的民族传统体育文化可以和西方近代体育成功地结合在一起，不仅实现现代化的改造，同时也在一定程度上融入全球化发展的进程当中，并且成功站稳脚跟。

第五章　奥林匹克文化及其创新研究

本章主要介绍奥林匹克文化及其创新研究，主要从四个方面进行阐述，分别是奥林匹克运动概述、奥林匹克文化内涵、中国奥林匹克文化的发展概况以及奥林匹克文化的创新研究。

第一节　奥林匹克运动概述

一、奥林匹克运动的渊源

（一）古奥运会的产生

1. 社会历史条件

（1）古希腊自然环境与竞技运动习俗的形成

古希腊位于地中海东部，其陆路和海路都非常便利，这不仅为古希腊人的海上交通和对外贸易带来了便利，也在一定程度上促进了其文化的交流和传播。受此影响使得古希腊的社会发展进程相比于其他国家更加快速，并且在很多领域做出了贡献，如科学、体育等，在多种文化交汇的过程当中逐渐成为西方文明的发源地。古希腊境内不仅有着绵延起伏的丘陵，同时自然气候也非常的温和，这就导致古希腊境内只有很少一部分的区域适合农耕，生活在此的古希腊人不得不面向大海生活。可以说，当地居民的生活方式在很大的程度上是由当地的自然环境条件决定的。自然气候的温和舒适，除了使得古希腊人的性格得到了陶冶之外，同时也引起了他们安闲自在地徘徊在户外的兴趣，促使他们形成了户外体育运动的习惯，以及养成了崇尚自然的审美情趣。除此之外，也培养了他们勇于拼搏、竞争、心胸开阔等优良的性格和品质。

希腊人在实际的社会生活当中最主要的内容就是竞技运动。根据荷马史记的相关资料记载，古希腊人在氏族公社时期的一系列播种、收获、祭祀等活动，就存在有不相同形式的竞技活动，如跳跃、角斗等。这一时期的各种不同形式的竞技运动虽然属于非正式和自发的，但是随着进一步的发展，开始慢慢地形成一种特有的习俗传统，这也在一定程度上为以后奥林匹克运动会的产生奠定了相应的基础。

（2）古希腊奴隶制与竞技运动的发展

古希腊在奴隶制度确立与巩固之后，无论是经济还是政治发展都非常快速，商业十分繁荣。城邦之间的界限在初期的商品经济当中被打破，无论是在政治还是在经济、文化等各个方面都可以进行深入的交流和沟通，这就在一定程度上为各个城邦一起组织和举行各种丰富多彩的社会活动营造了一个很好的社会环境。也正是因为如此，古希腊的奴隶制度从某种程度上来说，是古希腊奥林匹克运动会产生的社会根源。古希腊奴隶制度的自由民阶层主要由四部分组成，一是奴隶主贵族，二是工商业奴隶主，三是小农，四是手工业者。虽然有着阶层的划分，但是他们无论是在经济还是在政治其权利都是平等的，因此当他们参与竞技体育运动的时候其资格都是平等的，从而可以在竞技体育比赛当中公平的相互竞争，将体育竞技比赛当作展示的舞台和场合，使他们的传统观念、各方面的生活习俗，以及参与者的竞争能力充分地展现出来。

竞技体育运动在古希腊城邦奴隶制度的积极影响下获得了一定的发展，同时也铸造了竞技体育运动的平等和竞争的精神。

（3）古希腊的教育制度与身体观

无论是古希腊人的教育思想，还是古希腊人对人体的审美情趣，这些都在一定程度上对古希腊奥林匹克运动会的产生，以及传统与精神的最终形成有着非常重要的影响。其中，斯巴达教育制度和雅典教育制度，是古希腊各城邦最为典型的教育制度。

公元前 12 世纪出现了斯巴达教育制度，并且随着时代的发展最终在公元前 9 世纪形成。在斯巴达人搬迁到伯罗奔尼撒半岛南端的初期，人数和当地的土著奴隶相比较差别很大，斯巴达人为了可以对其进行有效的对抗，采用全面军事化的生活方式，并且首要目标就是培养体格强健的武士，这也在某种程度上决定了其教育就是一种非常单纯的军事化体育教育。

雅典教育和斯巴达教育相比有着非常大的差异，试图通过对奴隶主的训练，将其变成有着强健体魄的武士，同时也将他们培养成为有着丰富知识的社会活动家。雅典教育不仅强调人在身体方面可以健康发展，也极为重视人在心理方面的发展，其中最为关键的是促进人的身心健康和谐、稳定的发展。

2. 战争与和平

古希腊的城邦数量很多，有数百个，这些城邦之间常常地进行战争，在很大程度上影响了古希腊人的生活。古希腊城邦想要获得战争的胜利，就需要古希腊人除了有着非常强悍的体魄之外，也要在行动能力方面极为的敏捷，所以就运用各种方法来培养需要的人才。古希腊人养成的尚武精神，使得他们将体育锻炼作为非常重要的头等大事。古希腊人为了尽可能地适应战争的需求，探索和找寻各种可以发展和显示体能的有效途径和方法，因此在当时无论是体操还是摔跤，各种与其有关的竞技运动极为盛行。奥林匹克运动会和某些节日盛典当中的各种竞技体育运动比赛，就是在此基础上产生的。

虽然古希腊组织和举办的奥林匹克运动会有着鲜明的军事化烙印，但从另一个层面来说也是所有希腊民族的大集会。尤其是从公元前 8 世纪开始，地中海地区随着古希腊殖民运动的逐渐兴起，慢慢地形成了希腊文明圈，在古希腊的各个城邦之前，无论是共同的经济利益、政治需要，还是共同的文化传统，都在一定程度上要求城邦之间必须加强交往与合作。正是因为这些需要才促进了奥林匹克运动会的快速发展，并且奥林匹克运动会无论是在进一步加强城邦之间的相互团结，还是有效地维护好城邦之间的友好合作关系，都发挥出了极为重要的作用和意义。

3. 古希腊的宗教习俗

古希腊组织和举办的奥林匹克运动会属于泛希腊宗教庆典的一种，这也就说明了它和宗教习俗活动有着非常紧密的联系。古希腊宗教的主要性质就是泛神论，并且具有以下特征：对奥林匹斯山众神的敬拜和膜拜；祭祀制度非常的独特；关于宗教神话的传说极为丰富多彩。

除此之外，因为古希腊人还认为众神和人们是相同的，无论是形还是性，以及喜怒哀乐都是相同的，所以只要可以取悦人的东西就可以取悦众神。在当时古希腊人的审美观念就是崇拜英雄和力量，包括惊人的力量、超人的速度等，都是人类最美好与崇尚的东西，人们也就自然而然的认为奥林匹斯山的众神也喜欢。因此，古希腊人认为最为虔诚的宗教祭祀就是在祭坛上向奥林匹斯山的众神献上自己的完美技艺，将自己的健与美充分地展现出来，以便于获得奥林匹斯山众神的欢心和喜爱。

（二）古奥运会的盛衰

1. 古奥运会的盛况

（1）奥林匹亚及其设施

奥林匹亚不仅是古代奥林匹克运动会的发源地，同时也是永久性举行地点。奥林匹亚以前是人们祭拜的地方，一直到公元前 1200 年左右成为祭祀宙斯的神圣之地。奥林匹亚主要是由各种不相同的神庙，以及竞技场组成的阿尔蒂亚斯神域组成的，同时也是非常著名的宗教祭祀圣地。奥林匹亚一开始的建筑只有赫拉神庙，后来相继修建了宙斯神庙以及伯罗普斯的墓，其中在宙斯神庙的空地上面树立着很多塑像，这些塑像都是奥林匹克运动会的优胜者，并且运动员和教练员在参与奥林匹克运动会之前会到宙斯神像之前宣誓。奥林匹克运动会每四年在奥林匹亚举办一次，举办的时间基本上是八九月份，因为是全部古希腊民族的活动中心和举办地，所以极为热闹。

（2）奥林匹克神圣休战

在奥林匹克运动会举办之前，伊利斯城邦会有三名使者在经过相应的宗教仪式之后，分别前往不同的城邦告诉他们奥林匹克运动会即将举行的消息，于是乎伊利斯城邦作为所有古希腊城邦的宗教圣地，除了不可以发生战争之外，也不可以在进入该宗教圣地的时候携带武器。同时，参加奥林匹克运动会的相关人员都可以在通往奥林匹亚的道路上，自由地来往，不受任何限制，如果有人违反了就是违背了神意，因此我们将其称之为“奥林匹克神圣休战”，并且在古希腊只要有城邦和人违背了此规定，就会得到一定的制裁。此规定对于奥林匹克运动会的举行有着非常重要的促进作用，使其成为一个和平与友谊的盛会，并且该盛会是独立于战争之外的，在一定程度上将古希腊人渴望和平的意愿充分地展现出来。

（3）全民族的节日盛典

古奥林匹克运动会作为一个综合性的祭祀盛会，主要是以祭祀竞技为主的，并且无论是内容还是形式都非常的丰富多彩。在古奥林匹克运动会举行期间，每天都会有着各种各样、丰富多彩的宗教仪式，尤其是盛会第一天的宙斯神祭祀礼最为隆重和盛大。在祭祀礼举行的当天，无论是运动员还是教练员都集合在宙斯神殿面前的大祭场面前，在举行完相关的宗教仪式的时候，点起的“圣火”也就正是拉开了奥林匹克运动会的序幕，同时无论是运动员、教练员以及相关人员，还是负责对运动员资格审查的相关官员，在完后祭祀仪式之后，举行集体的宣誓仪式。

在古奥林匹克运动会举行期间，会有各种不同比赛在竞技场中进行，运动竞技比赛从早上开始，并且在比赛的过程当中不受天气的影响，无论是刮风还是下雨，比赛均不会停止。除此之外，还会有一系列的政治、经济和文化等活动，如在盛会举行期间城邦与城邦之间共同讨论政治，并且签订与其相关的条约；盛会举行的过程当中，由于人员的集中，古希腊的商人们会在此地进行相关商品的销售活动；众多优秀的诗人或者艺术家朗诵各种诗作，以及对众多优秀的艺术作品进行展示。

（4）古奥运会的竞赛章则

古奥林匹克运动会举办期间，无论是对是运动会的举办者，参与竞技比赛的运动员，竞技比赛当中“执法人员”的裁判员，还是与其相关的竞赛办法，都有着非常严格的章则和规定。古奥林匹克运动会的组织工作除了由当地的相关官员负责之外，也由当地相关的宗教领袖负责。主持奥林匹克运动会的裁判主要是由当地非常有名望的贵族推选，并且从奥林匹克运动会举办的前一年就开始了，随着运动员参与人数的增加，裁判的数量也逐渐增加，直到公元前 348 年裁判的人员数量确定为十名。这些裁判员如果在比赛当中存在受贿，以及存在一些不检点的行为都会得到相应的惩罚。

与此同时，在古奥林匹克运动会举办的过程当中，也会对参与竞技比赛的运动员提出非常严格的规定。参与比赛的运动员必须是有着古希腊血统的自由民，其中奴隶、战俘以及异族人是不可以参加古奥林匹克运动会的。参与古奥林匹克运动会的竞技者在道德方面没有任何的污点。除此之外，参与古奥林匹克运动会的运动员至少要有10个月以上的训练，其中必须在伊利斯训练1个月，只有这样，运动员才可以参加古奥林匹克运动会。

古奥林匹克运动会没有设置多人竞技体育比赛项目，仅仅设置了个人体育比赛竞技项目，并且妇女不仅无法参与古奥林匹克运动会，同时也不能参看古奥林匹克运动会，如果妇女违反了条例，则会受到非常严厉的处罚，那就是从山崖上面抛下来。

（5）古奥运会比赛日期、项目和奖励

古奥林匹克运动会在最开始的时候举办的时间只有一天，并且在13届奥林匹克运动会当中也仅仅有一项短距离赛跑的体育竞技比赛项目，之后随着古奥林匹克运动会参与人数的不断增多，相继增加了很多体育比赛竞技项目，如拳击、武装赛跑等。古奥林匹克运动会随着参与人数的增多，以及规模的扩大，从第37届古奥林匹克运动会开始，举办的时间延长为3天，在第77届举办的时间延长为5天。参与古奥林匹克运动会的运动员在比赛中获得胜利，会享有非常高的荣誉，那就是在比赛结束后，在宙斯神坛的面前，为各种不相同竞技体育比赛项目的优胜者举行发奖仪式。裁判宣布优胜者在比赛中获得胜利的体育比赛竞技项目，以及优胜者父亲的名字和城邦，同时授予优胜者一支棕榈和一顶橄榄枝花冠。人们在优胜者回到所属城邦的时候会夹道欢迎，并且选择日期举行宴会，授予优胜者相关的奖赏。

2. 古奥运会的衰落

希腊的城邦奴隶制在公元前5世纪进入了一个非常鼎盛的时期，之后随着社会矛盾的加剧以及内部战争的爆发，开始逐渐走向衰败，同时古奥林匹克运动会在此影响下也逐渐走向衰落。同时，人们不再对维护城邦保有极高的热情，以及不再追求身体的健美热情，也就是在一定程度上使得运动竞技体育比赛失去了原来的意义，成为追求财富的一种手段。除此之外，古奥林匹克运动会的理想以及相关精神都受到了一定程度的扭曲，在体育比赛竞技运动会当中显现出来的腐败现象，以及日益严重的职业化现象，在古奥林匹克运动会当中出现了很多徇私舞弊罪和损人利已的不良倾向，这些都在一定程度上使得人们对古奥林匹克运动会的兴趣逐渐下降。

马其顿在公元前4世纪征服了古希腊之后，虽然古奥林匹克运动会定期举行，但是无论是古奥林匹克运动会举办的规模，以及人们对其热情程度，都已经无法和之前相比较。罗马在公元前146年征服了古希腊之后，将其变为一个行省，这从某种程度上来说加快了古奥林匹克运动会衰败的速度。罗马皇帝在公元393年将基督教立为国教，并且下令将所有的异教活动场所都关闭，至此古奥林匹克运动会彻底消失了。

3. 古奥运会的历史遗产

（1）创造了一种竞技运动的组织模式

体育竞技比赛由单一项目转为大型综合项目，无论是运动会的相关组织和相关内容，还是运动会的相关竞赛方法均形成了独特的体系。

（2）积累了丰富的体育教育经验

古奥林匹克运动会从某种程度上来说促使古希腊人形成了身体训练制度，同时将竞技运动、神性以及人性的精神贯穿在对青年的教育原则当中。运动锻炼在古希腊文化的全盛时期，不仅是城邦生活的重要组成部分，同时也是教育当中的基本原则，从某种程度上来说为人们积累了丰富的体育教育经验。

（3）在体育的理论和实践上留下了宝贵财富

古奥林匹克运动会在举办的过程当中，在很多方面积累了相关经验，如体育的功能、运动营养等。

（4）形成了“奥林匹克精神”价值体系

第一，和平与友谊的精神。古奥运会的产生和发展体了人们对和平与友谊的渴求。在战火连绵的古希腊，奥运会的“神圣休战”以化干戈为玉帛、化仇敌为友好为目的，使人们能够自由交往、经商旅行。奥运会追求的和平与友谊，不仅给当时的社会生活带来生机，也为后人所向往。

第二，公平竞争的精神。古奥林匹克运动会的原则和方法在一定程度上，可以让参与者比赛的时候在平等的条件下进行。参与者与参与者之间公平的竞赛在奴隶社会的条件下，此种精神是非常难得的，它除了可以让参与者将自身的才能充分地展现出来之外，同时也可以在某种程度上成为人们在实际的社会生产、生活当中的追求和向往的理想。

第三，追求人体健美的精神。古奥林匹克运动会除了是体能比赛之外，同时也是健美比赛，它在一定程度上将古希腊人对身体观，以及对人体健美的向往和追求充分展现出来。身体观在教育制度当中形成，又在一定程度上促使教育制度的成熟，以及教育制度的进一步发展，同时又为以后体育的发展提供了一定的经验，供其参考、借鉴和模仿。

第四，奋进精神。古奥林匹克运动会作为一种展现形式，将人的自我以及自我价值充分地展现出来。古奥林匹克运动会的竞赛制度有着竞技的精神，此种精神主要是从荷马时期就已经形成的拼搏进取、努力奋斗的精神继承的。众多优秀的运动员参与奥林匹克运动会就是抱着取得胜利的想法和目的来的。在古希腊的实际社会生产和生活当中，有很多方面都将此种拼搏进取、努力奋斗的精神展现出来，作为一种源泉和动力，不断地促进当时社会的进步。

二、奥林匹克运动的兴起

（一）奥林匹克运动兴起的背景

1. 资本主义工业化对体育的新需求

在民主和产业革命之后，资产阶级随着政治、经济和文化等地位的稳定和发展产生了新的文化需求。随着时代的进步和科技的发展，人们开始逐渐认识到体育对培养众多优秀人才的重要价值，将体育融入学校当中，在对学生开展教育的过程当中进行相应的体育教育，在一定程度上成为促进学生德智体全方位发展无可替代的重要组成部分。工业革命在进入 19 世纪之后得到了快速的发展，无论是蒸汽机的广泛使用，还是发展的各种不相同的机器和机床，都在一定程度上促进了生产技术的根本性变革，同时也将人们的社会思想，以及部分生产、生活方式发生了巨大的改变。除此之外，自然科学也在其影响下得到了的进步，尤其是和人体相关的科学，如医学、生理学等，获得了很大程度的发展，在一定程度上使得人们重新认识了身体活动。

自由资本主义从 19 世纪 60 年代到 19 世纪 70 年代开始，不断向着资本主义过渡。人的身体在工种专业化的条件下，被分解变成机器的相关附件，在一定程度上使人的身体得到畸形的不良发展。除此之外，在英国与欧洲大陆先后出现了由工业生产引起的文明公害。工业生产不仅使得生活方式都市化，也使得人们的生活环境变得更加肮脏，在资本主义制度下出现的吸毒、赌博等诸多弊端。人们在此种极为恶劣的情况下，无论是对新鲜的空气，还是对健康的活动都充满了渴求和向往。在此种条件下不仅使得人们的生活方式产生了隔绝，同时也产生了一定程度的孤独感，这些都促使人们产生了相互接触，以及相互了解的需求。当时的人们在社会因素的影响下，不断地去寻找和追求一种理想和健康的全新生活方式，将注意力转向了人的身体自身，体育作为社会的实际需求，在当时非常的迫切和紧急，因此获得了很大的发展。

2. 三大思想文化运动

文艺复兴运动、宗教改革运动以及思想启蒙运动不仅大力宣传身心和谐稳定发展的教育思想，同时也对古希腊奥林匹克运动会的相关理想和精神进行了赞美和表扬，在一定程度上为现代新体育的进步清除了思想障碍，同时也重新引起人们对古希腊体育的关注，以及对奥林匹克运动会的关注。马捷奥·帕尔维叶里作为意大利非常著名的国务活动家，在1450年编写的一篇关于政论文当中第一次提出了，在人们的实际社会生产和生活意识的范围之中，将古奥林匹克运动会的精神贯穿其中。之后的人们在此影响下，对古奥林匹克运动会进行了多角度、全方位的深入分析、研究和探索。法国诗人汉斯·沙克斯（1494—1576）的研究揭示了古奥运会的竞赛制度和审美情趣；意大利医生赫·美尔库里亚利斯于1569年发表了《论体操》一书，从医学和教育的角度研究了古奥运会；英国作家托马斯·基德（1575—1652）研究了古奥运会思想，并用以揭露当时的社会恶习；英国的吉尔别尔特·维斯特（1703—1756）在博士论文中详细研究了奥运会历史，提出了复兴奥林匹克思想的主张。奥林匹克运动先驱者们还在研究的基础上试验了奥林匹克运动会的模式，如英国检察官罗伯特·多维尔就曾经组织和举办过名为“奥林匹克运动会”的综合性大型竞技比赛，主要包括拳击、歌舞等。与此同时，众多优秀的博爱主义教育家参考、借鉴和模仿奥林匹克运动会，组织和举行过很多地方性的竞技比赛。

3. 资产阶级的教育改革与奥林匹克运动的教育价值

因为众多优秀的资产阶级教育专家认为教育是“人类得救”的一个极为重要的手段，所以这些优秀的教育专家对年轻一代的教育非常地注重和重视，不仅提出与其相关的教育理想，同时也提出了其余相关教育原则和教育方法，培养社会活动家以及经济实业家是开展此种教育的主旨，教育的主要目的是促进个性与人格的全面发展。古希腊的教育制度以及古代奥林匹克运动会的基本精神，与文艺复兴运动之后的众多优秀的教育专家，进一步主张个性解放的相关思想，从某种程度上来说非常的符合，因此这些优秀的教育专家按照自身的教育理想和教育原则，以及与其相关的古希腊体育教育的精神，对封建主义时期的旧教育进行了全新的改革。

英国知名的教育专家洛克在17世纪资产阶级革命之后，提出了关于“绅士教育”的主张和想法。他对古希腊教育进行了深入的分析、研究和探讨，成功地参考、借鉴和吸取了古希腊教育的基本经验，并在此基础上认为“绅士教育”主要包括三部分，一是智育，二是德育，三是体育，并且在这三部分当中，洛克极为关注和重视体育。在对人们培养的过程当中，为了使人们拥有健康和强健的体魄，人与人之间相互竞争的精神，以及丰富的实战经验和本领，英国知名教育专家洛克提出了在对人们进行绅士教育的过程当中，应该开展各种不同的活动，如骑马、游泳等，并且尤其强调和注重开展经济运动。竞技体育在绅士教育的进一步推动和影响下，发展的速度非常的快。

欧洲众多优秀的博爱主义教育专家在18世纪末的教育改革的过程当中，不仅注意到了古希腊丰富的教育经验，同时也注意到了古代奥林匹克运动会的相关教育价值。这些优秀的博爱主义教育专家在古希腊体育传统的基础上，进一步参考、借鉴和吸取了骑士体育，以及一系列相关的民间游戏，从而为现代学校体育制度奠定了很好的基础。“德绍五项竞技”就是在博爱学校教育实践的过程当中形成的，它是充分依据奥林匹克运动会传统，以及近代体育项目编制而成的。这些优秀的博爱主义教育专家在肯定了竞技运动教育价值的同时，也肯定了古代奥林匹克运动会的教育价值。英国在进入19世纪之后就进行了大范围的教育改革，其中改革影响比较大的就是托马斯·阿诺德在拉格比公共学校的改革，他认为竞技体育除了能够进一步锻炼人的身体之外，同时也培养学生坚定的性格、崇高的思想，以及学生在实际社会生活当中的领导能力。也正是因为如此，阿诺德建立的学校体育主要是以竞技运动为主，同时在管理竞技运动的时候让学生自己去管理，这样不仅可以将竞技运动的锻炼价值进一步发挥出来，同时也可以将其教育效能发挥出来。英国的众多学校在此影响下开始先后参考、借鉴和模仿其学校做法，修建和组建运动场、运动俱乐部，在开展和组织体育活动的过程当中按照自治的原则来进行。随着该自治原则和方法的进一步发展，之后开始在社会运动俱乐部当中逐渐地流行起来。

资产阶级教育改革从洛克的绅士教育到阿诺德教育，经历了长达数个世纪，最终形成了全方位发展的先进教育思想，同时确立和明确了体育在教育当中的重要地位。除此之外，不仅肯定了竞技运动的相关教育价值，同时也肯定了竞技运动的相关社会价值，这些都在一定程度上促进了奥林匹克运动思想的形成。

（二）奥林匹克运动兴起的动因

1. 体育国际化发展的需要

（1）竞技运动的迅速发展

现代体育兴起于欧洲大陆矛盾交错的时期，欧洲的各个国家不仅笼罩着民族主义情绪，同时也笼罩着国家主义情绪，这些国家非常注重体育的军事效能，在训练的过程当中强调将体育和军事结合在一起。也是因为如此，当时的欧洲流行着各种不同体系的体操，其中英国因为文化传统，以及洛克“绅士教育”的进一步影响，同时再加上海外贸易一系列众多需求，户外游戏和竞技运动非常的流行。

欧洲英国在 19 世纪 50 年代流行的竞技运动，虽然传播到了北美洲的美国与加拿大，但是此种体育形式和体操相比较，无论是在形式还是在内容和功能等方面都有很大的差异，受到了一定程度是非议和排斥。

体育和竞技运动在 19 世纪后期之后，随着体育运动的进一步发展，体育结构发生了很大的改变。欧洲大陆各个国家在工业生产快速发展的情况下，使得人们的生活都市化、生产的节奏加快，人们需要找寻各种不同的娱乐功能来进行有效的缓解。因此，无论是在体育内容方面，还是在体育形式方面都面临新的选择和挑战，欧洲众多国家在此影响下出现了关于体操和竞技运动谁厉害、谁平庸的激烈争论和探讨。人们通过各种不相同的社会实践充分地认识到，面对紧张的生活节奏，身体运动应该兼具游戏性和娱乐性，作为综合体的竞技运动则更加可以满足人们各种不相同的娱乐需求。也正是因为如此，19 世纪末世界体育各种的重要标志之一就是竞技运动的快速发展。

（2）体育的国际化趋势

自由资本主义从 19 世纪后半叶开始逐渐向着垄断资本主义过渡。民族和民族之间的障碍和壁垒随着世界市场的进一步形成逐渐被打破，同时也在一定程度上促进了社会实际生产，以及消费国际化进程的加快。因此，体育在19世纪末打破了国家与国家之间的界限，呈现出体育国际化的发展趋势。西方现代体育主要以商人、军人等作为向全世界传播的媒介，最终形成了国际化发展的趋势，在此影响下，出现了很多国际化的体育交流与体育比赛，如英国伦敦在1851年组织和举办的第一届国际象棋锦标比赛。早期举办的国际化体育比赛，虽然属于“非正式”运动会，没有公认的权威性组织，以及相对统一的比赛规则，但是却在一定程度上促进了“正式”比赛的诞生和发展。其中，1881年成立的国际体操联合会，是世界上首个国际单项体育组织，此后在19世纪末先后出现了不同项目的国际组织。这些国际单项体育组织的出现和发展，在一定程度上使得各项运动项目在国际范围当中有了一个相对统一的领导核心，不仅可以制定统一的体育比赛规则，使其更加具有公认的权威性，同时也可以使得运动体育竞赛有效的摆脱原来地方传统的束缚，使其变得更加具有国际性。

2. 奥林匹亚考古成果的启示

众多优秀的教育专家在文艺复兴时期，无论是对古希腊文化思想、教育和相关体育制度的大力宣传，还是对古代奥林匹克运动会精神的宣传和推广，都在一定程度上对当时社会的方方面面产生了很大的影响。欧洲一些国家，如英国、法国等，这些国家众多优秀的专家学者，从18世纪开始先后前往奥林匹亚去进行实地的考察和发掘。随着时间的推移，在19世纪取得突破性进展的是德国的考古学家埃·库尔季斯，他从1875年开始进行了长达六年的考察和发掘，使得这些珍贵的古代奥林匹克运动会遗址当中的主要设施在1881年成功的重见天日，之后在当地修建了博物馆，用于展出出土的各种珍贵的奥林匹克运动会文物。奥林匹克运动会珍贵的考古成果，不仅在一定程度上激发和促进了人们对奥运动的憧憬和期待，同时也成为奥运会重新兴起的一个重要驱动因素。

3. 世界各地复兴奥运会的尝试

人文主义者早在文艺复兴时期，除了对禁欲主义进行强烈的批判，还大力宣传和推广古代奥林匹克运动会的相关精神，以及进行奥林匹克运动会模式的小型分散实验。

为了进一步复兴奥林匹克运动会，欧美的众多国家与地区进行了各种尝试和试验。19 世纪 30 年代，瑞典伦德大学的 G.J. 斯卡图教授（G.J.Schartau）1834 年 7 月和 1838 年 8 月举办了两次“斯堪的纳维亚运动会”，其主要目的是纪念古代奥林匹克运动会。比赛内容有摔跤、跳高、撑杆跳高、爬绳、体操以及长跑和短跑。奖品是月桂枝冠。这一时期，在英国什罗普郡的马奇·温洛克（Much Wenlock）有布鲁克斯博士（W.P.Brooks）组织的“奥林匹克节”的运动会，这个运动会从 1849 年开始，每年一届，持续了好几十年，但始终保持着地方性的特点。布鲁克斯博士还建立了“马奇温洛克奥林匹克协会”。

当世界各地为了复兴奥林匹克运动会，不断进行尝试的时候，在希腊也出现泛希腊运动会的体育活动。19 世纪 20 年代，希腊人掀起了声势浩大的民族解放斗争。希腊在 1830 年期间从土耳其独立出来之后，无论是民族主义情绪，还是爱国主义情绪都非常的高涨，在此影响下进而出现了复兴古希腊文明的热潮。同时，在 1838 年距离奥林匹克运动会发源地奥林匹亚不远的古圣道旁的列特林村的村民，为了庆祝希腊的独立和解放，在举办运动会的时候依照古代奥林匹克运动会传统来组织和举办，之后每四年组织和举办一次运动会，并且延续了一段时间，虽然无论是从规模，还是从影响来说都不大，但是却在一定程度上将希腊民族，对复兴古代奥林匹克运动会的热情充分地展现出来。

奥林匹亚的考古发掘工作从 19 世纪中期之后越来越顺利，希腊人对复兴古代奥林匹克运动会的热情逐渐变高，希望可以借助复兴古代奥林匹克运动会将古希腊的文明重振。因此，在 1858 年希腊国王发布了《奥林匹克令》，其主要目的是用来推动复兴奥林匹克运动会的热潮。

第一届的泛希腊奥运会在 1859 年的雅典体育场举行，并且此次泛希腊奥运会的开幕式是由当时的国王主持的。泛希腊奥运会按照古代奥林匹克运动会的传统，规定了参与奥运会的参赛人员需要有着希腊血统，同时职业运动员也不可以参加。泛希腊奥运会的竞技体育比赛项目有很多，如赛跑、划船、爬杆等，同时获胜者不仅可以得到荣冠（按照古代奥林匹克运动会传统制作），也可以得到少量的现金。除此之外，不仅举办了和工艺品相关的各种展览，也组织和举办了各种商业博览。泛希腊奥运会的首次举办没有产生太大的影响和声势，主要原因在于参与的人数并不多，就算是参与的运动员也都缺少相应的训练，同时组织工作和古代奥林匹克运动会相比也不正规。

1870年举行了第二届泛希腊奥运会，1875年举行了第三届泛希腊奥运会，虽然连续举行了两届，但是依旧没有太大的改进，并且在希腊引起了很大的社会议论，这在一定程度上促使了相关部门对体育，以及泛希腊奥运会的诸多问题开展深入的专题分析、研究和探索。在当时很多人认为，在举办奥运会体育活动的时候，没有一定的群众性基础是舍本求末、主次颠倒，同时建议和提倡在全国范围之内大力宣传和推广体育锻炼；学校在对学生开展教育的过程当中，也要对学生进行相应的体育教育，以及在雅典中心构建一所全国性的体育学校。同时，人们也指出来，想要成功举办泛希腊奥运会只有在这样广泛的基础上才可以。由此，我们也可以看出来，虽然之前举办的泛希腊奥运会没有产生巨大的影响和声势，但是在一定程度上促使希腊开展体育运动。奥林匹亚的发掘工作在19世纪80年代获得了很大的进展，随后在此影响下，复兴奥林匹克运动会的呼声和热情逐渐变得高涨。于是，希腊分别在1887年与1889年相继举办了两届泛希腊奥运会，多次尝试复兴奥林匹克运动会，虽然在一定程度上激起和调动了希腊人对奥林匹克运动会的热情，但是举办的奥运会仍然具有民间庆典的性质，依旧属于泛希腊的范围，原因在于举办运动会是出自对古代文明的崇拜和敬重，以及宗教动机和民族主义需要。在当时，很多国家通过报纸的方式，对希腊举办的几次泛希腊奥运会进行了非常详细的报道，并且在当时全球范围内产生了很大的积极影响，无论是从正面还是从反面，都在一定程度上积累了复兴奥林匹克运动会的经验。

（三）奥林匹克运动的诞生

1. 顾拜旦的贡献

顾拜旦出生于法国巴黎的贵族家庭，成年后在法国巴黎的政治科学学院就读，在当时就对辞学和历史学产生非常浓厚的兴趣，特别是对古希腊历史有着极大的兴趣。除此之外，顾拜旦也对竞技运动有着浓厚的兴趣，无论是曲棍球还是足球运动都极为擅长。顾拜旦不仅对阿诺德的教育改革进行过研究，同时也对英国的竞技运动开展过深入的分析和研究。青少年时代所受的教育对他一生的活动有很大影响。因此，大学毕业后，他放弃仕途，投身于教育和体育改革。

在政治上，顾拜旦属于共和主义者，虽然是一个爱国者，但是并不是民族沙文主义者。在他研究的初期阶段，法国为了洗掉普法战争的耻辱，主张在全国范围内大力推广和宣传兵式体操和军事训练，在这一困难时期，顾拜旦希望可以通过相应的体育改革，来进一步增强民族的体质，并不仅仅是为了备战，也正是因为如此，他没有一味地支持兵式体操和军事训练。顾拜旦对竞技运动的教育价值有着极大的肯定，他认为阿诺德在拉格比学校宣传和推广的“竞技运动自治”，有着很多的功效，除了可以锻炼人们的身体，还可以对人们进行相应的道德教育，同时也可以培养人们的社会活动能力。

顾拜旦在1880年组建了民族体育联盟，其主要目的是促使法国开展竞技运动，以及快速筹建各种不同的运动设施，从而最终推动法国学校可以快速进行体育改革。他在1883年访问了英国之后，更加坚定了对法国体育进行有效改革的信念，同时也从英国学生进行的各种不同类型的体育运动当中获得了相应的启示，法国在对体育进行改革的过程当中，除了模仿英国的体育外在形式之外，也要从体制方面进行相应的改革和更新，他呼吁和主张对法国的教育制度和体育制度进行有效的改革。1889年，他接触到了很多优秀的国内和国外体育人士，并且对国内和国外的体育状况有了一个非常清晰的认知和了解，同年还参加了在北美洲波士顿举行的体育训练大会，从而使其对各个国家的体育状况有了一个更加深入的认识和了解，在此影响下，他将体育改革和国际体育活动，这两者紧密地联系在一起。

顾拜旦对古希腊文化进行了极为深入的分析和研究，不仅对古希腊体育有了全方位的认识，同时也对古代奥林匹克运动会有深入的了解。他认为古希腊竞技运动的社会价值非常的特殊，并且构成古希腊文明的三大支柱之一就是竞技运动，其他两大支柱分别为艺术和品德高尚的希腊公民。也正是因为如此，当奥林匹克的考古成果在1875年到1881年期间公布的时候，顾拜旦就产生了复兴奥林匹克运动会的伟大梦想，并且付诸实践，对其进行相应的设想。

顾拜旦在1888年期间，对各个国家的体育状况进行了非常深入的调查和研究，发现无论是国内还是国外的体育存在着很多问题，如组织矛盾、秩序混乱等。他觉得应该将古代奥林匹克运动会精神快速的复兴，并且在体育竞赛的时候用团结、友好与和平的精神对其进行相应的指导。同时，希腊人组织和举办泛希腊奥运会的相关经验与教训，在一定程度上给予顾拜旦启示，随着世界各国之间的沟通和交流越来越深入，奥林匹克运动会必须具有一定的世界性，才可以成功的恢复和复兴。和平主义色彩是他的国际体育观念。与此同时，在顾拜旦看来，战争产生的主要原因是人与人之间的相互误解和偏见，只有将人与人之间的误解和偏见彻底消除，才可以避免战争的发生，最合适的办法就是各个国家的青年定期的聚集在一起，使这些优秀的青年进行体育比赛，使其在体育比赛的过程当中相互了解和认识。顾拜旦在经过酝酿之后，终于形成了最后的设想，这些设想依据古代奥林匹克运动会的方式，以及现今条件组织国际运动会，两者结合在一起，并且在 1889 年 7 月将这一设想公开。同时，顾拜旦也在同年担任法国田径协会联合会秘书长的职位，他有效地借助秘书长的身份与国际上很多知名的体育界人士进行反复、仔细地讨论。1891 年创办的《体育评论》对复兴和恢复奥林匹克的伟大理想进行了大力的宣传和推广，无论是国内还是国外都对其进行强烈的支持，这在一定程度上使得奥林匹克运动会产生的进程进一步加快。顾拜旦在 1892 年进行了“复兴奥林匹克”的著名演说，将复兴奥林匹克运动会的详细构想提了出来，并且很快引起了人们的关注，在此影响下，奥林匹克运动正式进入了筹备阶段。

2. 国际奥林匹克委员会的成立

1893 年春，法国田径协会联合会在顾拜旦的提议下，邀请不同国家的众多知名人士齐聚法国巴黎，并在此地成功举行了一场国际性的体育会议，讨论的主要问题就是复兴奥林匹克运动会，虽然支持的国家不多，意见不统一，但在加强体育运动的国际联系和协商方面，无疑是一次良好的开端，顾拜旦对这次会议的结果感到失望，但是他复兴奥运会的信心并没有受到打击。他继续去各国学习、调查并宣传他的想法。1894 年，顾拜旦不仅对复兴奥林匹克运动会的详细步骤进行了草拟，同时也列出了要讨论的十个相关问题，并且向各个国家的体育组织以及体育团体寄发信件，用于征求相关意见和建议，同时为了获得更多支持到处奔走。有些人认为顾拜旦的计划是不切实际的幻想，而一些体育界和社会知名人士则表示支持。他们之中有美国的普林斯顿大学教授斯龙、英国业余田径协会主席赫尔伯特、匈牙利的凯迈尼、瑞典的巴里克将军等。这些体育界和社会知名人士的支持，鼓舞了顾拜旦，于是他再次向各个国家的体育组织和体育团体寄发信件，建议再次举行一场国际性的体育会议，希望各个体育组织和机构可以派出代表来参加会议，共同探讨重新构建奥林匹克运动会等一系列相关问题。顾拜旦虽然做了很多努力，但是依旧有些国家对其反应冷淡，更甚者还会反对其建议，于是为了可以获得更多的支持，他将目标转向了政界，通过寄发信件，以及和政界人士接触，获得了瑞典、希腊等诸多国家知名政界人物的大力支持，这对诸多国家的体育组织和体育机构的态度产生了非常大的影响，如英国、比利时等共39个体育组织和机构均表示会派出代表来参加国际性的体育会议。

“国际体育运动代表大会”于1894年在法国巴黎的索邦神学院开幕，一共有79名代表到场，其中由德·库尔舍、顾拜旦分别出任和主持会议主席和开幕式。“国际体育运动代表大会”一共由两个部分构成，一是对职业运动与业余运动进行探讨和讨论，在众多参与代表进行了激烈的讨论和探讨之后，最终的决定就是按照“业余运动”的相关原则，并且还通过了关于业余运动员与职业运动员的决议。二是对复兴奥林匹克运动会的一系列问题进行研究和探讨，并且经过参与代表激烈的讨论之后通过了《复兴奥林匹克运动会》的重要决议。“国际体育运动代表大会”在1984年6月23日成立奥林匹克委员会，并且由希腊人泽麦特里乌斯·维凯拉斯（Demetrius Vikelas，1835—1909）任国际奥委会第一任主席，顾拜旦为秘书长。

大会规定每隔四年在某个国家的大城市举行奥林匹克运动会，同时还规定了奥林匹克运动会众多的体育竞技比赛项目为拳击、射击等。

国际奥委会在1894年，针对奥运选手的一系列业余资格问题作了非常具体的规定，“业余运动员”除了不可以参加带有金钱奖励性质的体育竞技比赛之外，同时有职业运动员参与的体育竞技比赛也不可以参加。以体育为业的体育教师或教练不能算作业余运动员。国际奥委会的成立，标志着奥林匹克运动的诞生。

3. 第一届奥运会的胜利举行

尽管奥林匹克运动的先驱者们力图摆脱政治，但是奥林匹克运动的发展不是一帆风顺的，尤其是在从理想向着现实发展的过程当中，遇到的第一个困难就是政治。国际奥委会成立后，即开始筹备第一届奥运会，成立各国奥林匹克委员会，制定比赛大纲。最初，世界舆论反应积极，但是不久，德国和英国报刊首先发表文章，对即将到来的奥运会表示担心。原来，随着时代的发展，在当时的国际政治舞台上形成了德国和法国两个相互对立的政治集团。德国的政府为了可以扩大在国际政治舞台上的影响，在发掘和探究奥林匹克运动会的发源地奥林匹亚的时候花费巨资，但最后却由法国参与和创建了国际奥委会，因此德国体育组织和体育机构在面对是否参与奥林匹克运动会的问题上，内部产生了很大的分歧，德国的报界在反对顾拜旦的一系列活动上也进行了相应的支持。与此同时，在财政上也遇到了问题和麻烦。希腊政府由于财政困难，对国际奥委会的决议反应冷淡。希腊国家的全体人民虽然非常高兴第一届奥林匹克运动会可以在希腊雅典举行，但是希腊国家的首相向国际奥委会提出了，希望可以缓办奥林匹克运动会的建议，并且在最后希腊政府因为财政方面的原因，在 1894 年发表声明强调了因经济预算的问题，无法承办奥林匹克运动会。

顾拜旦为了成功举行第一届奥林匹克运动会采取了双管齐下的外交策略，除了建议匈牙利政府利用千年庆典来举办第一届奥林匹克运动会之外，同时也希望希腊政府可以改变不举办奥林匹克运动会的立场。匈牙利政府处于不想得罪德国的原因，婉拒了顾拜旦提出的承办奥林匹克运动会的建议。顾拜旦向匈牙利政府提出的建议，实际上仅仅是对希腊政府的压力策略。

为了可以在希腊雅典成功举办第一届奥林匹克运动会，在 1894 年 10 月，顾拜旦前往希腊雅典，并将他的外交才能充分地施展开来，并且最终通过在希腊王储以及反对党，两者之间的积极、有效的活动，他成功地说服了希腊王储，希腊王储答应按照预定的时间举办奥林匹克运动会，并接手筹备工作。为了解决举办奥运会的财政问题，希腊政府对奥运会组织工作减免或者免除一定的税收，同时采用发行纪念邮票的形式，用 40 万德拉马来资助奥林匹克运动会，此种发行纪念邮票的方式从某种程度上来说开创了发行奥林匹克运动会邮票的历史。希腊全国各地掀起募捐运动，共募得 30 多万德拉马，继而希腊富商乔治·阿维罗夫捐赠 100 万德拉马巨款，以承担在古竞技场废墟上重建一座大理石运动场的费用。奥林匹克运动会在解决了相关的财政问题之后，各种筹备工作也开始顺利地进行。在 1895 年 8 月希腊国际奥委会，宣布了第一届奥林匹克运动会的具体举行日期，同时向全世界的国家发出邀请，并且邀请这些国家的运动员到希腊雅典来参加盛会。德国虽然在此种形势下依旧是抵制的态度，但是在德国的体育界内出现一大批奥运会的支持者，德国体育组织在面对如此巨大的压力之下，做出了参加奥林匹克运动会的决定。

国际奥委会在经历了诸多困难的挑战和考验之后，第一届奥林匹克运动会在 1896 年 4 月 6 日至 15 日在希腊雅典如期举行。

第二节　奥林匹克文化内涵

一、古奥运会的文化内涵

（一）古奥运会的文化特征

古奥运会从公元前 776 年有文字记录的第一届奥运会到公元 393 年，每四年一届，共举办了 293 届，历时 1169 年。探索古希腊奥林匹克运动会则一定要追溯至古希腊运动会。作为古希腊文化的构成要素之一，古希腊运动会的产生与古希腊当时的社会历史条件密切相关。古希腊位于巴尔干半岛南端的欧、亚、非三洲交界处。此种优越的自然条件不仅对希腊民族的生活方式有着决定性的重要作用，同时也一定程度上对希腊民族的性格进行了陶冶。希腊人无论是对自然还是对户外体育活动都非常的崇尚，在希腊人的生活当中竞技运动是非常重要的内容，古希腊作为城邦制的国家，虽然城邦与城邦之间互不干扰，各自为政，但是这些城邦之间经常发生摩擦和纷争。

为了充分显示自己城邦的优越性，以各种不相同的竞技运动体育比赛的方式来进行展现，因此城邦奴隶制在一定程度上为希腊文明创造了很好的条件。其中，奴隶制当中的自由民阶层无论是在政治上，还是在经济上，均拥有相对平等的权利，这样就可以使得这一阶层的希腊人，在参加各种不同的竞技体育比赛项目当中获得与其相对应的平等资格，从而可以进行公平的竞争，将自己的优势和才能充分地展现出来，从而使得竞技体育比赛不仅可以成为显示传统观念的场所，同时也可以成为展示生活习俗以及竞争能力的重要场所，随着竞技运动的进一步发展，平等竞争制度已经成为其重要的灵魂和组成部分。

古希腊人的教育思想，以及古希腊人对人体美的崇尚，使得体育在教育体系当中有着极为重要的地位和作用。一个人的受教育程度不仅体现在他自身的运动能力方面，同时也体现在他自身身体的健壮程度。与此同时，古希腊除了要面对外来的入侵，同时也要应对希腊内部的纷争和摩擦，以及不断地对奴隶起义进行镇压，这些都在一定程度上导致希腊常年战争不断，这就使得希腊人不仅要有强壮的体格，同时也要有极为敏捷的行动能力。人们为了可以快速适应战争的各种需要，除了要寻找和探索各种可以发展身体的有效途径和方法之外，也要找到一种合适的方式用来展现自身的体能，因此在当时出现了体操等各种竞技体育运动，受到了很多希腊人的喜爱和欢迎，可以说极为盛行，经过一段时间的发展，在此基础上不仅出现了奥林匹克运动会，同时也出现了其他节日盛典当中的竞技运动体育比赛。城邦与城邦之间虽然冲突和纷争不断，但是这些城邦与城邦之间却有着极为紧密的联系，尤其是从公元前 8 世纪开始，随着希腊文明圈的进一步形成，城邦与城邦之间无论是在共同的经济上，还是在共同的政治上，以及相关文化传统上，都在不断地加强交往和合作。正是这一社会需要促使了奥林匹克运动会快速发展，在促进和加强城邦之间的团结和维护合作关系当中发挥着极为重要的促进作用。

（二）古奥运会的文化财富

古奥运会为人类留下了宝贵的文化遗产，从某种程度上来说反映了古希腊人对人体力量、人体技巧以及人体健美的向往和追求，经过长期的发展，已经成为古希腊人生活理想极为重要的组成部分。

首先，古希腊人对神明的崇拜和敬重从某种程度上来说，已经逐渐被隐没在对优胜者本人的崇拜和敬重之后。运动场地和各种运动器材的出现，充分地说明了系统身体的训练已经形成，同时也在一定程度上标志着体育已经成为一种独立的社会实践活动。

其次，随着各种竞技运动的进一步发展，也在相当程度上对世界提供了多种社会组织形式，如单一项目的体育竞技运动比赛、斯巴达主义型的体育制度等，对古代世界产生了极大的影响和作用，同时这些社会组织形式在近代被多个国家参考、借鉴和效仿过。

最后，因为古希腊人对智慧的崇尚，所以才为后世留下了很多珍贵的精神财富。现如今很多体育科学当中的基本问题，如体育锻炼的原理和方法，体育道德问题等均能够在相关言论当中找到它们的萌芽形式。

古代奥运会给人类社会留下了宝贵的文化财富，这种影响不但在体育界，而且涉及人类社会的各个方面，奥林匹克运动会从组织到活动内容、竞赛方法等各方面创造了一种竞技运动的组织模式，同时也为后世的体育教育积累了极为丰富的经验和知识，并且在体育的相关理论方面和体育的相关实践方面，都为后人留下了极为珍贵的文化财富，表现在很多方面，如德智体美关系、运动营养等。形成了一种为后人所尊崇和借鉴的，人类最高境界的价值体系，即“奥林匹克精神”。

二、奥林匹克文化

（一）奥林匹克思想体系

现代奥林匹克运动经历百余年而愈加蓬勃兴旺，成为全人类聚焦的社会文化现象，它在发展过程中对奥林匹克文化进行解读，以奥林匹克主义为核心逐渐形成了一整套的思想体系，为奥林匹克运动提供了坚实的思想基础，明确地指导了各种奥林匹克活动的发展与进步。奥林匹克运动的灵魂就是奥林匹克思想体系，奥林匹克运动的一切活动都产生于奥林匹克思想体系，一切特点也都是在奥林匹克思想体系的基础下而慢慢发展出来的。

奥林匹克主义、奥林匹克精神、奥林匹克运动的宗旨及奥林匹克格言等都是奥林匹克运动思想体系的组成部分，其中奥林匹克运动思想体系的核心便是奥林匹克主义。现代奥林匹克创始人顾拜旦先生创造了奥林匹克思想体系，这是奥林匹克运动发展过程中的伟大创举，奥林匹克运动在它的建立后有了明确的指导方向和坚实的思想基础；更让奥林匹克运动区别于一般意义的体育活动，而成为人类历史上具有普适性先进思想的、受众量最大的社会活动。

（二）《奥林匹克宪章》

随着奥林匹克运动的发展，国际奥委会制定了《奥林匹克宪章》，作为法典规定了奥林匹克运动的基本规则、原则和附则。它为奥林匹克运动的组织和运行提供了指导，并对奥林匹克运动会的举办做出规定。奥林匹克运动存在和发展的最基本的内容也在《奥林匹克宪章》中得到了明确的规定，如奥林匹克组织的原则、宗旨、成员资格、机构及其职权范围和奥林匹克各种活动的主要步骤等。在国际奥委会所承认的国际单项体育组织、各国（地区）奥委会的尊重和遵循下，《奥林匹克宪章》作为基本标准法律文件约束着所有奥林匹克活动参与者的行为，为各方进行合作提供了坚实的基础。

《奥林匹克宪章》包括以下几个方面的内容：

第一，明确了奥林匹克运动的目标，阐释了奥林匹克运动的宗旨，规定了奥林匹克运动发展的方向。

第二，界定了一些重要概念，如奥林匹克精神和奥林匹克主义等，为实现奥林匹克运动目标奠定了思想基础。

第三，以法律条款的形式固定奥林匹克运动的组织体系，清晰表达和规定奥林匹克大家庭的每个成员，特别是三大支柱（即国际奥委会、国家奥委会和国际单项体育联合会）各自在这一运动中的功能、位置、任务以及它们之间的相互关系，在相互联系的同时，也使它们各自的独立性得到保留，最终成为一个功能完备的完整体系，从而提供了一个完善的组织基础，与奥林匹克运动相应相称。

第四，规定了如大众体育活动、奥林匹克教育与文化活动及奥运会等奥林匹克运动的基本内容。

国际奥委会、国际单项体育联合会和国家奥委会作为奥林匹克运动的三大组织支柱，都是非官方的组织，它们之间经常需要互相配合、协作，不存在领导与被领导的关系。它们的利益和目标在许多方面是一致的，因此才有合作的基础。但是它们也有各自的利益诉求，于是需要经常协调。为了保证组织间最大程度的合作，将其不协调性和冲突降至最小，必须有一个大家认可的法律文件。这个法律文件是约束所有参与者行为的唯一标准，这就是《奥林匹克宪章》。这一宪章对奥林匹克运动及与之有关的一切活动做了明确规定，国际奥委会“按照奥林匹克宪章领导奥林匹克运动”；国际单项体育联合会在奥林匹克活动中的活动“必须与奥林匹克宪章一致”；国家奥委会必须“按照奥林匹克章程建立”；奥运会组委会的“一切活动都必须符合奥林匹克宪章”。因此，《奥林匹克宪章》作为基石为奥林匹克运动提供了法律基础，为管理这一运动做出巨大贡献，为奥林匹克运动一切活动的展开规定了标准，也阐述了奥林匹克思想体系的核心——奥林匹克主义概念的来源、定义及其宗旨。奥林匹克主义最初是由顾拜旦提出的一种人生哲学，它的目标在于建立和谐社会以及促进人的全面发展。而来源于奥林匹克主义的奥林匹克运动的活动是持续的、普遍的，在奥林匹克运动会上，全世界青年欢聚一堂，成为奥林匹克的高潮。奥林匹克运动有这样的宗旨：使体育活动摆脱任何歧视、弘扬奥林匹克精神，来达成教育青年、促进世界和平的目的。《奥林匹克宪章》是奥林匹克运动组织构建的基础，国际奥委会的承认是奥林匹克组织成员取得资格的标准。

（三）奥林匹克主义

最初，奥林匹克运动的创始人顾拜旦第一个提出了“奥林匹克主义”一词。顾拜旦试图以“奥林匹克主义”来弥补现代竞技运动的缺陷：虽然有先进的手段，但是缺少一个哲学基础和高尚的目标。“奥林匹克主义”一词在顾拜旦的文章和讲话中被大量地应用，但是，这一概念却始终缺少比较明确的定义。顾拜旦对奥林匹克主义的解释，在不同时期、不同场合都曾有不同的表达。这是正常的，因为概念是人们对某一事物理性认识的反映，概念的定义更是要准确地提示出概念的内涵，这需要对事物有深入的认识和全面的把握。要用准确而精练的语言将奥林匹克主义丰富的内涵完整地表达出来需要一个过程。在顾拜旦时代，奥林匹克运动还不成熟，这一运动在各方面的特征还刚刚开始表露。我们不能要求他完成超越时代的任务。多年以来，人们一直都在尝试着从不同的角度去理解和认识奥林匹克主义的内涵，仁者见仁，智者见智，众说纷纭。

奥林匹克主义在现行的《奥林匹克宪章》中有着比较全面的表述，“奥林匹克主义是将身、心和精神方面的各种品质均衡地结合起来，并使之得到提高的一种人生哲学。它将体育运动与文化和教育融为一体。奥林匹克主义所要建立的生活方式是以奋斗中所体验到的乐趣、优秀榜样的教育价值和对一般伦理的基本原则的推崇为基础的。”作为一种人生哲学，使体育运动服务于人的和谐发展，从而推动着建立一个关心维护人类尊严的和平社会是奥林匹克主义的目标。奥林匹克主义的含义包括以下几方面：以人的和谐发展为中心思想；体育运动作为重要途径实现人的和谐发展；要结合体育运动与教育、文化才能实现人的和谐发展；发挥奥林匹克选手的榜样作用，实现对青少年的教育。

（四）奥林匹克宗旨

奥林匹克宗旨在《奥林匹克宪章》中做了明确说明：使体育运动服务于人的和谐发展，从而推动着建立一个关心维护人类尊严的和平社会。奥林匹克宗旨是通过开展体育活动来实现教育青年、建立一个和平而美好的世界的目标，开展的体育运动必须拒绝任何形式的歧视并彰显互相理解、友谊、团结和公平比赛的奥林匹克精神。以下是奥林匹克宗旨的基本含义：首先，促进人类社会向真善美的发展是奥林匹克运动的目标。奥林匹克运动的目标是架设沟通的桥梁，增进各国人民之间的联系，使不同民族、不同文化的人们之间的相互了解更加方便，推动世界和平，减小战争的风险。在一定程度上，奥林匹克运动满足了现代国际社会的需要，并且拥有与人类社会正义事业所要达成的目标一致的宗旨，能够帮助实现进入现代社会以来的人类的全面发展。奥林匹克运动的宗旨，为促进世界的和平发挥了重要作用，也使自身在当代国际社会中的重要地位得到确立。其次，为了实现自己的宗旨，奥林匹克运动尝试以融合了人文精神的体育运动为途径，建立起友谊的纽带，从而加强世界各国青年间的沟通和联系。提高体育运动的作用，使之在促进人的全面发展的同时，也能联系社会的发展，有意识地使体育运动成为一种可以在更广阔范围内应用的力量，实现对世界的改造，应该说是奥林匹克运动的一大创举。这不仅反映了体育运动的内涵和功能在进入现代社会以来得到了扩展和增加，也反映了人们已经加强了对体育运动的认识，并使之进入了一个新阶段。

从最广泛、最完全的意义上来讲，奥林匹克已经超越了体育，与教育也难舍难分。它融身体活动、艺术和精神为一体，更趋向于塑造一个完整的人。

（五）奥林匹克精神

《奥林匹克宪章》提出，奥林匹克精神提倡人们之间能够互相了解、增进友谊、团结互助和公平竞争。奥林匹克精神是奥林匹克思想体系整体结构中的组成部分，并且不可或缺。只有弘扬了互相了解、增进友谊、团结互助和公平竞争的奥林匹克精神，才能更好地贯彻奥林匹克主义，实现奥林匹克运动促进世界和平和建立美好世界的目标。首先，奥林匹克精神倡导人们容忍和理解文化间的差异。世界上不同的文化之间不可避免地存在各种差异，并且可能引发出种种问题，作为充满国际性的运动，奥林匹克运动必须努力解决这些问题。奥林匹克精神提倡互相了解、友谊和团结的目的就在于创造一种精神氛围。人们在这种氛围的影响下，得以避免各自文化带来的偏见的影响，摒弃在不同文化的展示中看到的矛盾和冲突，聚焦于人类社会百花齐放、姿态万千的文化图景，从而利用文化差异实现人们之间的互相交流，以宽广的胸襟去了解和认识不同于自身民族的事物，在丰富自己的同时吸收其他优秀文化的精华，最终实现奥林匹克运动所提倡的国际交流。其次，竞技运动的公平与公正也是奥林匹克精神强调的重点。奥林匹克运动的主要活动内容就是竞技运动，而比赛与对抗就是竞技运动最本质的特征。只有在公平的基础上竞争才有意义，才能体现竞技体育的教育功能和文化娱乐功能，才能保持和加强各国运动员的团结、友谊。

奥林匹克精神具体表现为：

1. 追求和平与友谊

古奥运会的产生和发展体现了人们对和平与友谊的渴求。奥运会期间的“神圣休战”成为人们永久的向往。

2. 体现公平竞争的精神

古奥运会为了使参与竞技运动比赛的运动员能在比赛中享受平等的条件，以公平竞争为理念，创造了一整套的原则和方法。这种公平竞争精神成为人们社会生活中所追求的理想。

3. 崇尚健美，追求人体美

古奥运会不仅比拼着体能，还比拼着健美，它体现了古希腊人对人体健美的重视，以及追求和谐发展的身体观。在古希腊人看来，美与善是相生相容的，这种追求人体健美的观念，在一定程度上也反映了古希腊人执着于追求人内心中的美好世界。

4. 奋发进取精神

古奥运会举办的目的就是展示自我、表现自身价值。人们到奥运竞技场来，就是为了展示自我，勇夺第一。古希腊社会生活的许多方面都体现着这种竞争奋进的精神，推动了社会的进步。

（六）奥林匹克格言

奥林匹克的格言是“更快、更高、更强”。这句格言出自顾拜旦的好友、巴黎阿奎埃尔修道院院长亨利·迪东在其学生举行的一次户外运动会上鼓励学生们的一句话：“在这里，你们的口号是：‘更快、更高、更强’。”顾拜旦借用过来，使之成为奥林匹克格言。奥林匹克运动不断奋斗、永不满足的进取精神在这句话中得到了充分的表达。短短的六个字有着非常丰富的含义：在竞技场上面对强大的对手时，要敢于斗争、追求胜利，使大无畏的精神在运动中得到发扬和传承；

在取得某个阶段的胜利时，也不要对自己满足，而是要不断地挑战并战胜自己，冲击新的极限。不仅如此，这句格言还鼓励人们应该不断地更新和超越生活各个方面的自我，永远保持蓬勃的朝气。有人认为奥运格言“更快、更高、更强”与“参与比获胜更重要”放在一起后，两者之间存在矛盾之处。这并不准确，这两句话的意思通过辩证的观点来看，不仅并不相互矛盾，反而还存在相辅相成的关系。这里的“重在参与”是与获胜相比的，而“更快、更高、更强”是每个人孜孜以求的生活哲学。体育运动是使人的身心得到全面、完善、协调发展的最佳途径。在塑造人的外形的同时，能净化人的心灵；对奥林匹克运动的参与者来讲，追求运动技能更趋完美的过程，也是不断向自身和人类极限挑战的过程；参加奥运会是对自身能力的检验和展示；即便不能直接参与竞赛，加入志愿服务者队伍或作为一名热心的观众也是参与的一种表现，在这种服务或观摩的过程中，奥林匹克“更快、更高、更强”的精神时时教育、鼓舞着人们。

（七）奥林匹克名言

“参与比获胜更重要”，这是奥运信念，也是奥林匹克广为流传的名言。1908年第4届伦敦奥运会期间，美国宾夕法尼亚州大主教于7月19日在伦敦圣保罗大教堂举行的奥运会宗教仪式上说：“在奥运会中最重要的不是取胜而是参与，正如人生中最重要的不是成功而是顽强奋斗。这里的根本问题不在于征服而在于尽力拼搏。”顾拜旦先生高度赞赏大主教那段富有哲理的话语，号召人们将这些词句铭记在心，成为奥运信念。

作为信念，为便于传诵，简要概括为“参与比获胜更重要”较贴切。有时人们也可看到“重要的是参与而不是取胜”的说法。显然，这种译法不合原意，尽管从表面看，两者似乎差不多，但通过对两者进行仔细比较后，我们可以发现，前者之“重”是有前提条件的，是比较后的选择，更符合奥林匹克精神。而后者的“重要”是舍此取彼。

其实，在我们中国人熟悉的词语中，有一条与之非常吻合，那就是“友谊第一，比赛第二”，这也是运动赛场上见得最多的宣传语，也是运动会上喊得最多的口号。这句话可以说是对奥运信念最好的诠注，也准确地反映了奥林匹克主义的精髓。

（八）奥林匹克口号

说起奥林匹克运动，人们往往误认为就是举办奥运会竞技比赛，其实奥运会只是奥林匹克运动中的一个部分，奥林匹克运动包含两大部分，除了其以奥林匹克运动会作为主要形式，还包含有大众体育部分。《奥林匹克宪章》明确规定："奥林匹克运动的活动是经常的、普遍的。其最高层次的活动是使世界上的运动员在盛大的体育节，即奥林匹克运动会上相聚一堂。"而奥运会的基础就是人们之间开展的大众体育，两者共同构成奥林匹克运动。

早在 1919 年，顾拜旦首先提出了一句口号，即"一切体育为大家"（All sports for all），如今盛行于世界的"大众体育"（Sports for all）就出自顾拜旦之口。

体育必须走大众化的道路，奥林匹克理想也要求体育运动属于社会各阶层，属于全人类，属于所有人的权利而非少数人的特权。如今，大众体育在世界蓬勃发展，体育活动正成为人们普遍的生活方式，是所有人共同参与的人类行为。国际奥委会的组织机构中包括有"大众体育委员会"，主要是负责领导组织大众体育活动的。奥林匹克大众体育是推动人人平等的最佳途径。1984 年以来，国际奥委会发起了"奥林匹克日"的活动，以促进大众体育，扩大奥林匹克影响为目标，得到了 120 多个国家的响应与参与，推动了健身热潮在世界各国内实现全民范围的兴起。

奥运会口号是奥运会组委会为宣传奥运、扩大奥运影响提出的言简意赅的标语。奥运口号既要符合奥林匹克思想，弘扬奥林匹克精神，又要体现举办国的特色，以及当时的历史环境。历届奥运会口号都有其丰富的历史背景，是东道国在向世界传递一种信息，包含举办国当时所处的环境和愿望。

2004 年雅典奥运会口号是"欢迎回家"。2008 年北京奥运会提出了"同一个世界，同一个梦想"（One World，One Dream）的奥运主题口号。

第三节 中国奥林匹克文化的发展概况

一、中国奥林匹克研究

（一）孕育期（1978 年以前）

1900 年 6 月 6 日，巴黎第二届夏季奥运会开幕半个月后，关于此届奥林匹克运动会的相关信息在《中西教会报》上刊发。多位体育家、教育家在 20 世纪 30 年代的“土洋”体育之争中，已经在观察和思考奥林匹克运动，如 1932 年在《天津体育周报》上，袁敦礼就发表了《世界欧（奥）林匹克运动会的价值及对于我国体育的影响》一文。王俊奇教授认为，在 20 世纪 30 至 40 年代，当时的社会大背景主要还是国家的内忧外患，能够认识到奥林匹克运动的价值已经是非常可贵的进步，但由于奥林匹克运动和奥运会毕竟还在“洋”体育的范围之内，所以相关的研究并未形成趋势。与 20 世纪初中国人初识奥林匹克运动时类似，在中华人民共和国成立后的 30 年间，中国缺少对奥林匹克运动的参与。

（二）萌芽期（1979—1987 年）

1979 年，随着中国在国际奥委会席位的合法恢复，中国奥林匹克运动的发展也迈入了一个崭新的历史阶段。那时社会中的大多数普通民众对奥林匹克运动的认识还比较浅薄，仅仅关注四年一届的奥运会，中国代表团初入奥运会也承担着争金夺银的迫切期待。在以“奥运争光计划”为主的社会环境的影响下，提高中国在奥运会运动项目中的竞技水平是此阶段奥林匹克研究的主题。当然，其他角度的研究也少量存在，比如从历史的角度研究奥林匹克运动发展、阐释奥运会的女性参与以及介绍国外奥林匹克科研情况。

（三）发展期（1988—2000 年）

国人开始广泛关注奥运会是在中国重返奥林匹克大家庭并成功夺得第一枚奥运金牌之后。1990 年第十一届夏季亚运会由北京成功申办并举办，使大众和学者对奥林匹克运动的兴趣得到进一步发展。20 世纪 90 年代后，奥林匹克研究在中国台湾地区也开始展现出成果。

1. 独立研究奥林匹克

体育史研究不断发展进步，在20世纪80年代达到学术发展历史的顶点，其分支之一便是奥林匹克研究。在这期间，多部奥林匹克研究著作发表，如1981年王在武、刘修武主编的《奥林匹克运动会史略》，1984年樊渝杰主编的《夏季奥运会史》，1988年刘修武主编的《奥林匹克大会》等，国人对奥林匹克运动的认识也随这些编著的出现和发表而逐渐深化。程大力、郝勤等学者身处拥有体育史研究传统的成都体育学院，就奥林匹克运动领域开创了多个主题的研究，如古希腊文化与奥林匹克精神、希腊宗教与古奥林匹克运动等。在期刊方面，奥林匹克运动领域率先在《体育文史》《体育与科学》《成都体育学院学报》等学术期刊得到关注。1988年之后，奥林匹克研究摆脱了之前较为松散的学术状态，变得更加集聚化。1988年8月，四川平武召开了中国首届奥林匹克史学术讨论会，共有18篇论文入选，对古希腊竞技赛会的历史和奥林匹克运动会的发展从多方面进行了论述，如中国在1949年以前参与奥运的意义、第三世界国家的奥运参与，甚至强权政治、商业化对奥运会的影响也有所涉及。更有重要意义的是，中国体育史学会在此次会议中起草并上报给中国体育科学学会一份倡议书，倡议书中申请在中国建立奥林匹克学会。

2. 由申办到普及再到学术

受到西方近现代体育的影响，近代中国体育逐渐接轨世界，突破了原有的传统身体活动形式。西方世界作为开创者确立和诠释着奥林匹克运动的秩序和规则，只有充分理解奥林匹克运动的西方文化渊源和文化体系，才能使奥林匹克运动在中国推广，这也是当时我国奥林匹克研究必然的选择。

为了2000年夏季奥运会申办成功，奥林匹克普及教育在我国展开，北京成为奥林匹克研究的主阵地，客观上推动了奥林匹克研究的发展。在政府相关部门的主导下，相关学者和学术组织迅速得到发展壮大，研发和传播了大量的优秀研究成果。1993年奥林匹克研究中心在北京体育大学设立，标志着高校课堂出现了奥林匹克运动相关课程。关于奥林匹克运动的各种层次的各类读本先后问世，全面论述着奥林匹克运动的相关研究，使我国的奥林匹克研究在所有国家中都处于领先地位。国内奥林匹克运动的研究阵地日渐巩固，研究的内容也得到了全方面、多角度的拓展。相较于之前对奥运会简介和竞技项目的单纯简单介绍，奥林匹克运动研究拓展到了更加宽泛、深入的研究领域，如探讨古希腊竞技赛会与奥林匹克运动的历史比较与传承、辨析顾拜旦的奥林匹克主义与理想、理解奥林匹克运动组织结构和运作机制、全面认识奥林匹克运动活动内容、讨论一些当时国际奥委会和奥林匹克运动发展问题等。关于成立奥林匹克学学科的主张甚至都在当时开始出现，侧面反映出我国日渐兴盛的奥林匹克研究。

3. 为我所用

奥林匹克运动与中国体育发展这一主题，一直受到国内学者的密切关注。1992 年 7 月初，中国体育发展战略研究会曾在浙江宁波召开奥林匹克运动与中国体育战略讨论会，与会者主要探讨和交流了奥林匹克精神、奥林匹克运动发展中的问题，以及我国奥运战略的内涵和实施等内容。讨论会得出了一个重要观点，即举办奥运会可以在实现经济利益的同时也满足国家外交关系利益，全运会应该服务于奥运战略，武术项目作为我国优秀传统体育文化，应该通过积极推进使之在奥林匹克运动中占据一席之地。

1996 年，奥林匹克运动学术研讨会在北京体育大学奥林匹克研究中心举办，与会代表们达成一些基本共识：要用发展的眼光看待奥林匹克，在历史的轨道上研究奥林匹克，要结合实践服务于现实，充分吸收和发扬顾拜旦的思想和奥林匹克的价值。1999 年易剑东教授提出，当代中国参与奥林匹克运动的焦点之一便是奥林匹克的研究；同年，关于奥林匹克研究如何突出中国特色，谷世权先生也进行了展望分析。还有学者在奥林匹克运动的研究中结合了中国传统体育文化，包括分析武术等民族传统体育项目进入奥运会的可行性。还有学者对中国回归奥林匹克运动大家庭的历史进行回顾和梳理，并就奥林匹克运动与文化、科技、经济、传媒、环境、法律等的互动关系进行了探讨。

（四）高潮期（2001—2008 年）

北京奥运会、残奥会的筹办和举办为奥林匹克研究带来了东风，极大拓展了相关领域的研究，在 2008 年奥运会这一热点的吸引下，很多非体育类的学术期刊都竞相研究报道奥林匹克领域，使文献的数量和质量都爆发式的增长和提高。专注于从事奥林匹克研究的研究者数量增加，更多相对成熟和稳定的奥林匹克学术团体和奥林匹克研究中心也开始形成，国际性奥林匹克学术会议也开始在中国举办，为未来国内奥林匹克的研究奠定了基础。

1. 北京奥运会、残奥会广受关注

2008 年北京奥运会扩展了奥林匹克相关研究的领域，涉及包括了以下方面：北京奥运会的三大主题；国家政治、经济、文化、举办城市发展在北京奥运会举办下的影响；中国体育发展在北京奥运会举办下的影响（包括学校体育和大众体育的发展观念和政策、高水平竞技表演项目的发展、体育改革和体育产业化等问题）；中国传统体育文化乃至中国文化在奥林匹克运动冲击下的影响；奥林匹克教育；举办奥运会的管理过程，如公共关系、知识产权、标识理念、赞助与营销、安保与保险、物流、志愿者培训与管理等；以及奥运“遗产”与“奥运低谷”效应的预防等。

中国经济社会在 2008 年位于转型期，学界也更多地关注奥林匹克运动与中国社会发展的互动，许多跨文化、跨学科和全球化下的研究新视角出现，如关注日韩邻国举办奥运后的体育发展，吸收先进经验，展望奥运后体育产业化发展；从东西方文化碰撞的角度出发，探索中国奥林匹克运动发展等。深入研究如奥运会规模扩张、强权政治入侵、过度商业化、兴奋剂滥用、国际奥委会改革，以及女性、残疾人参与奥林匹克运动等诸多具体问题。

2. 多元化研究发展

众多的非体育领域也牵涉到奥林匹克运动会的举办中，使得其他学科学者们也开始关注奥运会。2001 年开始，我国建立了各类奥林匹克研究机构，除 20 世纪 90 年代在北京体育大学设立的奥林匹克研究中心外，我国相继成立了首都体育学院奥林匹克研究中心、中国人民大学人文奥运研究中心、北京联合大学奥林匹克文化研究中心、北京师范大学奥林匹克教育研究中心，一批奥林匹克研究队伍逐渐聚集起来。

日渐成熟的研究团队研发了大量的学术成果，使我国的奥林匹克研究脱离了单一的史志性研究，向多学科和多元化的方向发展。在这个过程中，对奥运场馆的利用、对青奥会和冬奥会的探讨、对“后奥运”效应的认识等很多研究成果发挥了承上启下的过渡作用。很多学者认为，中国的体育改革将经由北京奥运会残奥会实现根本性的进步，研究的热点也转向“后奥运”时代中国体育改革的问题。

（五）奥林匹克研究的沉淀期（2009年至今）

在申办、筹办和举办2008年北京奥运会、残奥会期间，中国的奥林匹克研究迈向兴盛，然而在奥运大潮过去之后，很多学者渐渐淡出奥林匹克研究领域，使得相关的文献数量也开始减少。

1.“后奥运时代”研究

通过使用关键词共词分析中国知网期刊库筛选出2009年至2019年间的2184篇奥林匹克相关文献，可以发现“后奥运”和青奥会等新兴主题是2009年至2011年主要的研究热点；伦敦奥运会、青奥会和奥林匹克运动可持续发展是2012年至2014年的研究热点；国际奥委会改革、冬季奥林匹克运动、里约奥运会等主题是2015年至今主要的研究议题。2009年听障残疾人奥运会在台北举行，使得大量的台湾学者开始关注中国台湾地区的残疾人体育、残障运动分级、残障人士志愿服务等相关问题。中国台湾地区奥林匹克研究文献量之所以飞速上升，主要得益于北京奥运会、残奥会的影响及海峡两岸奥运学术交流的增加。

2.关注国际奥林匹克运动

进入2009年，奥林匹克研究的主要议题变成了2008年奥运会、残奥会办赛经验和遗产利用相关情况的总结、中国体育事业在奥运背景下的未来发展、冬奥会和青奥会的意义与使命、涉及伦敦奥运会和里约奥运会的实时问题、国际奥委会改革、奥林匹克主义及奥林匹克运动的可持续发展（包括因《奥林匹克2020议程》引发的讨论）。在解决自身实践需求之后，奥林匹克研究的内容过渡到国际奥林匹克运动事业的完善中来。在新的时期，奥林匹克研究更应该重视如何在新的历史条件下坚持中国体育传统和适应性更新。

二、中国奥林匹克研究的不足

（一）实践需求落后

2008年之前，奥林匹克研究的文献数量在每次夏季奥运会举办的“奥运年”都会有所上升；2008年之后，这种一味追赶热点的情况得到了明显改变，一些固定的研究角度开始出现。但当申奥和筹办夏奥会、冬奥会、青奥会等体育界重要事件发生时，文献数量略微增加的情况还是会出现，重复研究的特点也体现出来。

在全球化过程中，中国一直有着较强的参与意识和较高的活跃程度，已经全面深入地参与到国际奥林匹克事业的实践中。但是相较于深入主动的实践研究，我国的学术研究尚且处于落后地位，仍在简单地描述和阐释奥林匹克运动知识体系，科学研究的社会意义难以体现出来。

（二）理论稀缺贫瘠

我国奥林匹克研究必须以批判性接受西方理论为前提，在本土实践的基础上，建构中国理论，提出中国对策，走出中国发展道路。与国外研究相比，在研究方法的严谨性、研究结果的建构性和理论应用的创新性上，中国奥林匹克研究仍旧表现出了不足之处。

奥林匹克研究并非单一学科的领域，而是多学科内容汇聚的融合体，要做到中国奥运实践的考察，必须充分利用体育学以外的其他学科视角。很多学者已经在反思迎合奥运热潮的研究取向，并试着吸收国内外奥运实践中的先进经验，寻找新的研究问题。例如 2010 年，南京一些学者在青奥会的意义和定位的讨论中，已经摆脱了对于社会功能主义的局限，体现出了人文性和批判性。一些学者质疑大型赛事的盲目兴办，多集中于奥运遗产的可持续利用与开发问题等角度研究伦敦奥运会。

（三）传播交流受限

随着中国奥林匹克研究迈过了孕育、萌芽、发展和高潮期，我国已经发展出全面化、系统化的研究领域，根据研究内容和研究角度的不同可以大致划分为以下主题：奥林匹克运动的历史渊源与当代发展，奥林匹克运动的组织、活动和思想体系，运动员与大众（包括女性、残疾人等）的奥林匹克参与，北京奥运会残奥会的申办、筹办、举办、遗产与后奥运问题，奥林匹克运动与中国体育，奥林匹克运动与社会互动（政治、经济、文化、教育等），青少年奥林匹克运动，冬季奥林匹克运动，以及奥林匹克运动的可持续发展。

然而，现在很多学者很难对奥林匹克研究产生关注和兴趣，并且难以找到发展和传播奥林匹克研究的平台。虽然奥林匹克运动仍然受到大众的强烈关注与喜爱，但如何将其相关的学术成果转化为为社会做出的贡献，仍旧是一个难以解决的问题。

除此之外，国际体育学术交流也受到语言隔阂和文化差异的影响，导致国内极其缺少拥有一定话语权的学者，在奥林匹克运动领域中，这个问题更是十分严重，这就导致中国的一些学者即使得到了一定的研究成果，也难以使之在更为广阔的时空范围内传播。严重缺乏交流也使得中国奥林匹克研究脱离实际，理论贫乏。

三、中国奥林匹克研究的展望

（一）奥林匹克运动问题的解决思路

1. 重视“后奥林匹克主义”

现代性的标志就是元叙事（或大叙事），而在后现代主义者的主张中，常常用具体而多元的小叙事来替代元叙事。在国内，有部分学者已经向学术界推荐并运用“后奥林匹克主义”阐释奥林匹克运动的可持续发展问题。如，在王润斌教授看来，“后奥林匹克主义的社会批判视角已经注意到奥林匹克主义虽然与和平主义、理想主义等宏大叙事相联系，但随着奥运会的发展，这些特征显得自欺欺人。”与此同时他也提醒到“这有可能会导致人们认识整个奥林匹克思想体系时的虚无主义倾向后奥林匹克主义”。这是人们对奥林匹克运动在“后现代主义”视野下的重新认识和思考，是对奥林匹克主义在元叙事基础上的重新解读，是对奥林匹克运动在时间——历史角度上的继承；在逻辑——意义的维度上，则超越了奥林匹克主义。目前有很多挑战横亘在奥林匹克运动的可持续发展之路上，如新媒体传播方式的挑战、超大型体育赛事与生态资源保护的矛盾、国际奥委会的改革与善治等，这些挑战都是“后奥林匹克主义”需要解决的难题。

2. 关注弱势群体

多数人需求的满足和价值的实现是奥林匹克研究关注的重点，而奥林匹克运动中社会弱势群体如女性、残障人士的参与则常常被一语带过，或者被一种狭隘的平等观对待。研究残奥会的文献数量较少，广度及深度也没有得到足够的拓展，多在溯源和梳理残疾人参与奥林匹克运动的发展史或探讨残疾人体育参与的意义这些浅层次问题上停留。有些学者提出，在近现代女性体育参与中，女性主义或女权运动起到了重要作用，但又同时使得在体育参与或奥林匹克参与中，女性被赋予的意义已经超越了“体育运动”本身，这种对“与男性平等”的片面追求对于推动性别平等的进程其实并无益处。自从奥运会和残奥会“同时申办，同城举行”的实践模式在2001年国际奥委会与国际残奥委会签署的协议上被确立之后，奥林匹克研究理应涵盖到残疾人参与奥林匹克这一重要部分。

3. 以实践为根基

关于奥林匹克的研究，国内外有着研究内容和范围都比较接近的议题，但是中国学术领域内的奥林匹克研究却在进行独立的学科建设、学会设立和创办刊物等方面遇到了严重的困难，其主要原因是国内的研究大多表现为缺乏问题导向的理念和深入批判的勇气。适应性改造西方“舶来品”是我国在奥林匹克研究发展起步阶段较为常用的手段，这也在一定程度上约束了后续的研究。树立学术自觉和学术自信是发展自身奥林匹克研究的重要条件。我们应立足于中国实践，以问题为导向，发挥研究和理论对实践和发展的促进和指导作用，做好相关主题的中国化研究，如申办奥运与城市发展，生态友好与赛事运作，保护运动员权益、坚持公平竞赛，加强奥林匹克教育、扩大国际奥委会的支持范围，迎合新媒介传播方式、最大限度配合奥运利益相关者，重新定位青奥会、增加国际奥委会组织透明度等主题。

（二）提高国际话语权

1. 总结经验

在坚持国际视野的同时，我国奥林匹克研究也需要立足本土实践。熊晓正教授提出，在奥运会举办后，我们不能再随意附和奥林匹克运动，而是要由“跟着讲”跨越到“接着讲”，争取自身在奥林匹克运动中的话语权，同时也要继续追求本国体育发展的价值，二者共同发展，相互促进。在追逐西方现代体育价值、努力融入世界体育竞技舞台的道路上，中国已经历经了数十年的奋斗，接下来需要转换思维，总结和展望“奥林匹克运动在中国的发展”或“中国发展奥林匹克运动”的历史经验和未来定位。奥林匹克运动的发展在与中国体育事业的互动中有着怎样的关系？是否可以将奥林匹克教育纳入一般教育体系？怎样理解奥林匹克运动与民族传统体育文化在社会时空中的占有和矛盾？如何看待奥林匹克运动的西方性和世界性？奥林匹克教育与体育教育存在着哪些异同？这些都是需要我们研究的问题。

2. 规范标准

奥林匹克研究中已有的成果多集中讨论人文科学（非社会科学）的层面；主流是中国本土实践与奥林匹克运动历史、思想、组织、活动的互动；多采取“拿来主义”应对理论创新应用。要想解决目前研究支脉冗杂、成果重复的问题，关键在于定位奥林匹克研究的对象、范围、性质和方式方法。应当使相关的学术标准更加规范，与学术同行的交流更加丰富，达成奥林匹克研究新的突破。西方文化对于奥林匹克运动体系的发展产生了重要影响，但是东西方文化激烈的碰撞使得世界性的奥林匹克运动实现了巨大的变革。在未来，我们可以预见到，中国研究者可以利用中国智慧推动奥林匹克运动的可持续发展。中国研究者应在本土实践的基础上，利用本土文化特色优势去尝试解决变革问题，使我国奥林匹克研究的国际话语权不断提高。

四、奥林匹克精神与中国人文精神的互利共赢

（一）以奥林匹克精神的精华为中国现代化建设之养分

人的现代化在很大程度上决定着社会的现代化。传统的人文主义精神强调伦理道德、倡导中庸平和，稳定和维持着中国数千年的封建社会发展，却使整个民族的创新精神和活力被抑制，浪费了丰富的人力资源尤其是智力资源，造成国家实力羸弱不堪，社会发展停滞不前，最终导致中国近现代以来始终处于落后挨打的地位，严重阻碍了中国的现代化进程。中国现代化的特点表现为外源后发，西方发达国家在生产、经营和管理等方面的先进经验为我们提供了模范和借鉴，帮助我国物质生产的科技含量不断提高，但在吸收和学习的同时，全人类人文精神的精华也需要不断汲取，其中，缘起于轴心时代的奥林匹克精神自然包括在内。

奥林匹克精神中包含竞争原则、公正原则、参与原则、奋斗原则和友谊原则，在新时代的解读中，要求我们做到发挥进取精神，激发创新潜能；支持参与竞争，提倡团队协作；树立规则意识，秉持公平信念。如果能在中华民族的思维方式和价值观念中融入这些奥林匹克精神的精华，使之外化的实践行为能够推动中国特

色社会主义现代化建设，无疑会形成一颗璀璨的文化结晶，使奥林匹克精神与中国人文精神相契合。

一直以来，奥林匹克运动都受到人们的强烈关注，具有重要的人文教化作用，决定了奥林匹克精神文化交流中的重要作用。中国应当汲取奥林匹克精神中的精华，建构当代人文精神。作为重要契机，2008 年北京奥运会推动了奥林匹克精神在中国的广泛传播，这也使中国建设和谐社会的时代需求得到了满足。

（二）人文奥运

奥林匹克精神自从现代奥林匹克运动复兴以来，经历了阶段性的历史演变：从挑战自我、追求人的身心全面协调发展，到追求个性化的运动竞技、多元和谐的人类文化、和谐共存的人与自然关系。

但是，一些背离奥林匹克精神的现象也日渐引起了人们的忧思，如贿赂裁判、兴奋剂、赛场暴力等。奥林匹克运动的危机曾经在商业化的浪潮下得到缓解，但奥林匹克中的人文精神却容易在过度的商业化、职业化和科学化中迷失。北京奥运会提倡“人文奥运”的理念，其含义主要包括三个方面：第一，人文奥运必须推动以人为本的理念，使奥林匹克运动对人的尊重与关怀在人文精神的大力弘扬中得到充分显现，提升人的身体素质和精神文化素质，通过对人的尊重、锻炼、教育、熏陶最终实现人的自我完善；第二，人文奥运也是文化奥运，就是突出地彰显出奥林匹克运动的文化内涵，使奥林匹克运动在浓厚的文化氛围中与多样的文化形式相融合，在充分融合奥运与古今中外优秀文化的过程中，使高雅的文化追求在奥运会的全过程及其每一个方面都能有所体现，并努力推动不同文化之间做到平等交流；第三，人文奥运同时也是文明奥运，在奥林匹克运动会的举办过程中，将基本道德规范向人们普及，引导人们遵守，推动良好礼仪和文明风尚的形成。“人文奥运”的理念以中国人文精神为基础，结合了新时代的特征，它的提出和实践，体现了奥林匹克精神在 21 世纪的丰富和发展，有力地促进了当代奥林匹克运动的健康发展。

借助北京奥运会，相得益彰的奥林匹克精神与中国人文精神在实现全面契合之后，必将迸发出时代的火花。我们在汲取奥林匹克精神的精华时，应该将狭隘的民族主义思想抛弃，构建新的时代精神，使之具有中国特色，能够反映社会前进方向，引领文化进步潮流。

这种时代精神应该把以人为本作为取向，把和平发展作为根本，把改革创新作为核心，在时代发展中体现开放意识与世界理念、竞争意识与效率追求、法制意识与和谐取向、自主意识与民主觉悟等特征。除此之外，要使中华民族的优秀文化得到弘扬和传播，使中国的文明史及数千年中诞生和演化的灿烂文化得到全世界更广泛的了解，在奥林匹克运动之中渗透中国人文精神，在和谐中发展奥林匹克运动。

第四节 奥林匹克文化的创新研究

一、2008 年北京奥运会的文化创新

2008 年北京奥运会举办期间，提出的三大理念构成了北京奥运的三个特色，它们分别是“绿色奥运”“科技奥运”“人文奥运”。北京奥运的灵魂是人文奥运。只有做到奥林匹克精神在中国的 13 亿人口中普及和发扬，才能充分实现人的和谐发展，将人文奥运的理念化为实践；要使中华文明在世界面前得到充分展示，得到世界的了解；要进一步促进东西方文化之间的交流合作，在中国人民与世界各国人民之间加强了解，增进彼此的友谊。这些人文奥运的实践，能够有力地推动奥林匹克的创新发展。

（一）中西融合

奥林匹克文化在发展的过程中，逐渐形成了跨国度、跨民族的特点，已经成为开放的世界性文化体系。古代与现代、东方与西方在这个体系中相互汇聚，提供给奥林匹克运动取之不尽、用之不竭的文化源泉。但作为一定历史时期发展的产物，奥林匹克文化仍然以西方文化为主导，受到历史条件的制约，需要不断地开拓创新，在时代发展中为之添加新的内容。进一步理解和尊重文化的多样性，使东西方文化的交流和融合得到强化是发展的关键所在。我们必须承认，东西方文化的发展存在巨大的差异性。以中国传统文化为重心的东方文化，有着重视和谐、集体、伦理的特点。而起源于希腊的西方文化则体现出重视法治、竞争、个

体的特点。而体育思想、价值以及活动方式、手段在这些差异的影响下又体现出了不同。其根本原因还是不同的历史地理环境和国情。在推动不同文化间互相融合的过程中，我们要尊重不同民族、国家文化的差异。回顾历史发展的经验，文化的发展和繁荣受益于每一次文化的交流和融合，想要为奥林匹克文化增添新的光彩，必须实现东西方文化之间交流和融合的加强。

（二）多元发展

由于带有强烈的民族文化气息，以及明显的稳定性和地域性，民族体育作为一种文化类型，往往具有独特的发生和发展机制，一定程度上成为本地区和国家的象征。随着奥林匹克运动的发展，除了已经大量容纳的欧洲民族体育项目，其他地区具有代表意义的民族体育也需要不断融入进奥运会体育项目中来，使奥林匹克文化的内容得到进一步丰富。奥林匹克文化与多元民族体育文化之间是相互依存、并行不悖的关系，后者是前者发展的根基，前者的实质是后者在发展阶段的统一，在发展多元民族体育文化的基础上才能推动奥林匹克文化发展的创新，而随着全球化的发展和各民族间的交流，民族体育文化的优秀成分也将为更多的人所接受。

（三）融合文体教育

奥林匹克运动推动了体育与文化教育的融合，为人类文明发展做出了重要贡献。这种融合不仅赋予了体育文化价值和教育价值，使体育的内涵得到丰富，而且提供了广阔的发展空间以实现奥林匹克的创新。国际奥委会确立了详细的发展计划，明确推动着举办城市的文化活动开展，但并没有具体定义文化活动的内容。以往奥运会举办城市经常在各种文化节、艺术节、博览会等活动或竞赛的组织中结合本地实际情况，在举办异彩纷呈，各具特色的活动的同时有着较强的随意性，缺乏宏观指导。现在，国际奥委会使文化教育活动与多元文化与教育的形势相适应，得到了较大改进。相应的文化教育活动与奥运会一流的竞技比赛相协调，拥有了更充分的发挥余地和更广阔的创新空间。《奥林匹克宪章》要求，在文化教育活动创新方面，奥运会的举办城市需要担负更重要的责任。

（四）深入文化建设

奥林匹克文化不仅是专门的科学领域，在其他学科领域研究内也占有一席之地。实践的发展是科学研究立足的根本。目前，奥林匹克运动在发展的过程中，空前扩大规模，发展出更丰富的内容，具有广泛的影响力，如何适应多元世界，如何进一步体现奥林匹克的普遍性及公正性等问题成了奥林匹克面临的新挑战。国际奥委会成立的奥林匹克文化与教育委员会附属有奥林匹克学院、博物馆等组织，需要在奥林匹克文化的研究与建设中不断整合这方面的力量，在奥林匹克运动的发展中实现创新。

二、2022 年北京冬奥会的文化创新

在国际奥委会第 128 次全会对 2022 年冬奥会举办城市的投票表决中，最终获得 44 票的北京—张家口险胜哈萨克斯坦的阿拉木图，获得了第 24 届冬奥会举办权。在申办 2022 年冬奥会的办赛理念创新方面，北京、张家口提出了三大理念：节俭办赛、以运动员为中心、可持续发展，这“三大理念”不仅是对《奥林匹克 2020 议程》改革精神的深入贯彻，还是对习近平新时代中国特色社会主义深刻思想内涵的生动诠释。北京冬奥会办赛“三大理念”在《奥林匹克 2020 议程》的理念引领下与国际体育治理改革的时代潮流紧密结合，得到了完美诠释。根据这一点，想要创新发展北京冬奥会办赛的“三大理念”，有力推动和落实习近平总书记关于北京冬奥会“四个办奥”的理念，对 2022 年北京冬奥会办赛理念的深入研究能够提供重要的理论与实践意义。

（一）以运动员为中心

《奥林匹克 2020 议程》的核心集中体现在以运动员为中心的办赛理念，从政策文本的主题相关性来看，第 15 条“改变观念、保护清白运动员”、第 16 条“运用 2000 万美元的国际奥委会基金保护清白运动员”、第 17 条“授予清白运动员荣誉”和第 18 条“加强对运动员的支持”的改革议程，都是 2022 年北京冬奥会提出的“以运动员为中心”的办赛理念的体现。总结提炼《奥林匹克 2020 议程》关于运动员主体发展的改革政策后得到的精华，是北京冬奥会创新的办赛理念为世界体育发展做出的贡献，也体现了北京奥运会在贯彻《奥林匹克 2020 议

程》改革政策过程中的决心。这一改革议程紧紧抓住青年运动员的成长，保障运动员的权利和立场，使青奥会的各项改革工作全面深化。其中一条决议更改了青少年主办时间，让媒体与公众能够更多关注到青年运动员，是以运动员为核心的发展理念的充分体现。

（二）可持续性发展

在《奥林匹克 2020 议程》政策文本中，第 4 条“将可持续性纳入奥运会的方方面面”和第 5 条“将可持续性纳入奥林匹克运动的日常运作”，改革议程高度关联可持续发展理念，北京冬奥会使奥林匹克可持续发展理念得到践行，也适应了国际体育治理改革新的变化与潮流。改革议程的第 4 条“将可持续性纳入奥运会的方方面面”规定，在可持续性方面，国际奥委会将采取更积极的立场，发挥领导职能的主观能动性，保证在奥运会策划和筹办的各个方面纳入可持续性。具体包括以下策略：通过可持续性策略的制订，使未来和现在的奥林匹克举办者能实现项目各阶段的经济、社会和环境领域的整合，保证可持续措施的实施；帮助新选举的组织委员会完成最佳管制建立，使可持续性整合的实施能够贯穿整个组织；国际奥委会请求国家奥委会及诸如国际奥林匹克城市联盟等外界组织的支持，确保对奥运会的赛后监控。凸显中国特色是北京冬奥运在切实落实可持续性发展理念方面的重要成就，2008 年北京奥运会和 2022 年北京冬奥会组委会在赛事筹办与管理方面，都使用了“金字塔式”管理架构，这一管理架构具有垂直型、科层化的特点，集中体现了新时代中国特色社会主义制度的优越性。与此同时，能够高度匹配于国际体育普遍采取的“金字塔”传统架构，也集中体现了中国竞技体育“举国体制”的优越性。

在第 5 条政策文本“将可持续性纳入奥林匹克运动的日常运作”中，国际奥委会普遍采用了以下可持续性原则：国际奥委会在日常运作中纳入可持续性发展理念，将可持续性注入物品的采购、服务的获取和活动会议的组织中；通过减少旅行，使二氧化碳排放量得到有效缩减；国际奥委会将采取最佳的可持续标准加强洛桑总部的建设。奥林匹克运动利益相关者通过各自的组织和运作实现可持续发展理念的整合过程中，可以得到国际奥委会的参与和协助，如各项治理改革举措的推荐、各种工具的提供（最佳范例和记分卡）。国际奥委会同时也会提供有效机制来实现和保障奥林匹克利益相关者之间的信息交流，使用奥林匹克团结基金等现有渠道来帮助实施各种举措。同时与诸如联合国环境规划署的相关专家组织合作，保障奥林匹克可持续发展理念在实处得到贯彻和落实。北京冬奥会组委会在准备筹划和日常工作期间，从域外办赛的案例中学习借鉴经验，坚决把“八项规定”等国家政策贯彻落实到日常行为规范和道德标准之中，从点滴做起，注重实践，用实际行动使可持续性发展理念在北京冬奥会得到完美诠释。

（三）节俭办赛

北京冬奥会吸收了《奥林匹克 2020 议程》多项改革议程的浓缩与精华，在方方面面注重节俭办赛的理念创新。为了贯彻落实《奥林匹克 2020 议程》第 1 条“将申办流程塑造为邀请”，使各申办城市的无效竞争有效减少，国际奥委会以邀请制替代申请制，推动政策供给侧改革，实现申办费用的降低，通过实际改革行动使节俭办赛的发展理念得到诠释。降低申办阶段的资源损耗，对于成功申办的城市后续发力，高质量高标准地完成筹备阶段工作大有帮助。作为国际奥委会政策的受益者，北京与张家口奥委会在筹备阶段的节俭办赛理念展现出了高度进步。同时第 3 条“降低申办费用”改革议程，要求将节俭的基本原则贯彻到整个申办阶段。中国一以贯之的务实外交策略和节俭理念在北京冬奥会筹备阶段得到了有力展现，使节俭办赛工作被推上了一个新高度。

第 2 条要求“衡量重要机遇和风险以评估申办城市”，使得国际奥委会努力设计客观理性的风险评估，挑选出最合适的国家为世界体坛承办奥运会赛事，在对政治经济发展环境等各项重要因素的综合考虑之后，高度认同了北京与张家口申办冬奥会的一系列高效工作。2008 年北京奥运会得到的高度赞扬和中国强大的政治经济保障，帮助北京与张家口从所有申办城市中脱颖而出，使节俭办赛的理念创新在重要机遇和风险评估框架下得到诠释，也体现了中国经济的高质量发展。第 12 条改革议程“降低奥运会管理费用，加强管理灵活性”，严格要求控制管理费用，发挥政策在“顶层设计”方面的正向引导作用，再结合供给侧结构性改革方面我国取得的突出成绩，北京冬奥会必将使“节俭办奥”的理念创新完美实现。在“节俭办奥”的具体实践中，北京冬奥会组委会更加重视预算管理工作的加强，要求精英人士跨行业合作，从国家财政系统、会计系统、一线场馆运作系统抽调出预算管理与运营团队，具有国际重大赛事运营经验的业界精英、会计事务专家等各行各业精英都在抽调范围内，力促实现现有场馆运营效率最大化的提高，严格控制办赛成本。北京冬奥会所需 25 个场馆中，现有场馆和临时场馆共 14 个，预算额度约占总预算额度的 16%，使建设成本得到极大节约。

三、奥林匹克文化的改革发展

第二次世界大战之后，奥林匹克运动的主流成了发展。但在其发展过程中，也暴露出各种各样的危机。曾经维护和促进奥林匹克运动发展的、在政治上不与政府打交道、独立于政治之外的做法，越来越遭到社会现实的挑战；僵硬的、具有非常理想化色彩的“业余原则”，不仅在实际中难以界定和无可操作性，而且严重打击了高水平运动员的奥运热情；沿袭多年的奥运会封闭式运作模式，不仅使其得不到必要的社会协作，而且在经济上失去来源，出现了难以为继的局面；科技发展带来的奥运赛场兴奋事件也出现了愈演愈烈之势。所有一切，使奥林匹克运动在其飞速发展同时也埋下了危机。然而，“祸兮福所倚，福兮祸所伏”，社会也许就是在不断地轮回中向前发展的。正是这些危机，成了 20 世纪 80 年代后奥林匹克运动进行改革发展的催化剂。

（一）奥林匹克经济改革

第二次世界大战以后，奥林匹克运动的影响力逐步扩大，但与此同时，日益显露的经济危机一直困扰着奥林匹克运动的继续发展，几乎严重到财源短缺、难以生存的程度。1972 年，美国卡罗拉多州出现了公民投票反对给丹佛市提供必要财政支持举办冬季奥运会的情况，导致冬奥会的举办地点不得不改变；在 1984 年夏季奥运会主办权申办过程中，由于财政问题，世界各大城市竟然纷纷将举办权拱手相让，最后使美国洛杉矶成为唯一申办城市。奥林匹克运动的发展已经受到财政问题的严重影响，甚至到了生死存亡的程度。因此奥林匹克经济改革势在必行。

首先，实现和媒体的互动。萨马兰奇做的第一件事就是在关于 1984 年洛杉矶奥运会电视转播权问题上，放手让电视台和奥运会组委会去进行协商。同时决定在关于汉城奥运会的电视转播权问题上，要由奥运会组委和国际奥委会一起与电视台谈判。在谈判1992年巴塞罗那奥运会的电视转播权的过程中，国际奥委会采取的做法与以往完全不同，即设置了以下两项重要的基本原则：一是奥运会的进程和国际奥委会所做出的决定不受到电视媒体的干预；二是坚持由国际奥委会、奥运会组委会国际单项体育联合会和国家奥委会之间平均分配国际奥委会市场营销委员会创造的经济效益。采取这些措施之后，经济收入得到了令人震惊的增长，而且还提高了全世界对于奥林匹克运动的关注度，奥林匹克运动的进步和媒体发展的双赢第一次得到了实现。

其次，允许奥运会进行市场运作。虽然国际奥委会通过转让奥运会电视转播权得到了巨大的经济收益。但是，国际奥委会要想在真正意义上实现经济独立，以保证国际奥委会在做出抉择的时候，可以不受任何政府和国家的制约，就必须广开财路，就必须不断开拓新的经济支柱产业。于是，一项全新的事业开始被国际奥委会开创，这就是“奥林匹克赞助”。

它使得国际奥委会能够和一系列在各自领域里非常杰出的企业直接进行合作，共同实现奥林匹克运动的推广，是奥林匹克赞助工作的基本方针。这样可以使维护奥林匹克运动和公平竞争的价值的行列得到企业的加入。1985年第一份国际市场营销规划由国际奥委会出台，此后一系列名为“奥林匹克合作伙伴”的开发计划出现。虽然每一届奥运会都有着并不相同的赞助计划，但市场营销都是从世界或某国两个层面上进行的。以经济的眼光分析，这些企业分属的领域完全不同：不含酒精类的饮料业、信息系统、电视广播设备、广告业以及旅游保险，这些就共同构成了具有国际水准的奥运大家庭。其他企业可以通过奥组委协调参加“奥林匹克合作伙伴”计划。

最后，实现奥运品牌战略。在奥运经济活动中，国际奥委会的又一重要举措是实施“奥运品牌”战略。

（二）奥林匹克体育运行机制改革

奥林匹克体育运行机制如何，直接影响着奥林匹克运动的发展效果。由此，对奥林匹克体育运行机制进行改革，成为国际奥委会关注的又一重要课题。然而，奥林匹克体育运行机制的改革涉及方方面面，哪里才是改革的重要抓手呢？国际奥委会认为是运动员。因为20世纪最重大的变革之一就是体育运动的火爆，它的影响在我们生活中的各个层面随处可见，无论是在医学还是在技术领域。而体育运动的主体者是运动员。正是受这一基本理念影响，国际奥委会决定添加国际奥委会运动员委员到其组织成员中；并且要解决奥运会参赛选手上的“业余性”问题；在维护运动员个人健康方面，要坚决反对使用兴奋剂；在维护女性权益问题上，努力实现奥运会上的男女平等。

1. 吸收运动员委员

1981 年 10 月，国际奥委会第 84 届全会于巴登巴登召开，国际奥委会不仅首次邀请 34 名运动员参加了会议，而且第一次成立了国际奥委会运动员委员会，委员会全部由曾经参加过夏季或冬季奥运会的运动员组成。1996 年亚特兰大奥运会时，国际奥委会开始实现大多数运动员委员由民主选举产生的做法。在 2000 年悉尼奥运会上，国际奥委会又明确了运动员委员会由 19 人组成，并要求其中 12 名委员应通过民主选举产生，名额分配为 8 名夏奥会运动员和 4 名冬奥会运动员。据说当时有 11 035 名运动员可以参加选举，最终 5215 名运动员参加了投票。中国优秀运动员邓亚萍被国际奥委会主席萨马兰奇直接任命为运动员委员会委员。由于“运动员过去是、现在是、将来也应该是奥林匹克运动的核心”，因此萨马兰奇主张除在国际奥委中设立运动员委员会以外，他还鼓励创建了奥林匹克人协会。萨马兰奇说:“奥运会影响着运动员的一生，是无法磨灭的记忆，它将伴随运动员度过一生。”因此，我们创建的奥林匹克人协会是一个“曾经参加过奥运会、曾经在奥运村感受过无与伦比氛围的运动员自己的协会”。

2. 取消业余原则

业余原则是奥林匹克运动创建初期制定的一条有关运动员参赛的法则。然而值得注意的是它从一开始就受到实践的挑战，就连顾拜旦自己在一段时间后也承认这种体育观有理想主义倾向，并宣称绝对业余化是不可能的。萨马兰奇更是认为国家利益、民族情感正在资助、奖金、政府职位及秘密补偿等形式的影响下，使业余化走向虚假，而这些现象在经济命脉掌握在政府手中的一些国家尤为严重。所以在巴登巴登会议上，国际奥委会提出了要取消业余限制。这是为了把奥林匹克运动会办成世界上最大的体育盛事，国际奥委会应该向世界上最好的运动员敞开大门。

由此，在 1988 年卡尔加里冬奥会上，职业联赛的几位冰球选手在奥运赛场上第一次亮相。汉城夏季奥运会上，人们迎来了60年来一直缺席的网球比赛和网球明星。1992年巴塞罗那奥运会上，人们更是在奥运会上首次看到了篮球场上的顶级表演——“梦之队”。随着职业选手对奥运会的加盟，广大观众有可能欣赏到更加精彩的体育比赛，媒体有可能吸引更多的人关注，奥运运动员有可能赢得体育的最高荣誉——奥运金牌，奥林匹克运动则可以吸纳世界上所有优秀运动员，这是一个共赢的结果。

3. 坚决反对使用兴奋剂

兴奋剂问题，在现象上，它与道德相关，因为它是为了提高比赛成绩，向人体内人为地或不正当地摄入任何形式药物或非正常值的生理物质；在本质上，它与经济利益驱动有关，因为运动员一旦获得成功，金钱、荣誉就会蜂拥而至；而在最终结果上，它是以损害运动员健康为代价的。服用兴奋剂不仅会对运动员的身体健康造成危害，还会坑害运动员的青春年华。国际奥委会对使用兴奋剂进行了坚决的斗争，亚历桑德罗·德·梅罗德亲王主持的国际奥委会的医学委员会，在帕特里克·斯查马斯奇博士的有效领导下，毫不留情地展开斗争。1967年，国际奥委会还创造了医学委员会这样一把利器。

服用兴奋剂违背体育的本质，也诋毁了体育灵魂，即超越自身极限（更快、更高、更强），力争出类拔萃，得到社会认可和达到完美的境界。服用兴奋剂的行为与体育道德、医学道德不符，背叛了公平竞争的精神，奥林匹克运动一直倡导的维护运动员身体健康、保证身心和谐发展的原则也得到了破坏。禁止推荐、建议、准许、容忍使用在服用兴奋剂定义中所提及的任一相关药物或措施的行为，禁止为其提供便利条件和从事违禁药物的贩卖活动。

萨马兰奇认为，体育领导者必须捍卫道德准则，必须保证奥林匹克运动及其运动员不受到使用兴奋剂问题的侵害。在他任期的这些年中，国际奥委会一直采取务实的态度处理该问题。因为根除兴奋剂是一个艰难的过程，为此国际奥委会一直宣扬反兴奋剂斗争的原则，制定反兴奋剂斗争的策略。

4. 充分维护女性权益

奥林匹克运动中的妇女权益问题，是国际奥委会关心的又一重要课题，这是因为体育的比赛和参与，已经发展成一种无法止步的社会力量，它不仅对社会的结构有着重要的影响，还与妇女的地位问题关系密切。因此，应该敞开面向女性的大门，让女性加入奥林匹克运动的行列中来，增强奥林匹克运动的活力，使其更具社会代表性。所以从1980年开始，国际奥委会已先后增加了射击、自行车、网球、乒乓球、帆船、羽毛球、柔道、滑雪射击、足球、垒球、冰壶、冰球、举重、（现代）五项、跆拳道、（铁人）三项等女子奥运会项目。而且国际奥委会还规定，将来新增的奥运会比赛项目，都必须包括女子比赛。目前，在奥运会的25类运动中有132项均有女性运动员参赛。根据统计资料显示，在1984年洛杉矶奥运会上，男女运动员的参赛比例是77%比23%；而到了2000年的悉尼奥运会上，这一比例已变成61%比39%。洛杉矶奥运会有女运动员1567人，悉尼奥运会上的女选手是4063人，从1984至2000年，女性参加奥运会人数增加了4倍。

在1988年的日本长野冬奥会上，参赛国中有75%的国家奥委会派出了女运动员，而到了悉尼奥运会上，这一比例提高到了95.48%。以上数字充分证明了女子体育运动在这一时期所得到的长足进展。

特别值得注意的是，虽然这一期间许多第三世界国家都有经济困难的问题，而且在某些国家的传统文化中历来就有反对女子参加运动的陋习，他们总是借口还有更多更为急迫的事要做。但事实是，即使在上述国家中参加运动赛的女性也越来越多。通过奥林匹克团结委员会的援助计划，国际奥委会采取了一些新的措施以减轻对女性参赛的压力，尤其是从经济上帮助那些有困难的女运动员。与此同时，还通过奥林匹克团结委员会的体育援助计划，在各地区举办讲习班，使之用来专门培养女性体育管理人员、教练员、运动员以及体育记者等专业人员。

国际奥委会注重奥运女性权益的另一个重要标志，是1981年举行的国际奥委会巴登巴登代表大会上，第一次选出了两位国际奥委会女委员，一名是委内瑞拉的伊·丰塞卡，一名是芬兰的海格曼（后因盐湖城事件牵连，于1999年1月辞职）。1990年，丰塞卡又成为第一个当选的国际奥委会执行委员会的女委员。萨马兰奇曾对国际奥委会出现的女委员这一事件充满了骄傲与自豪。在1994年的奥林匹克100周年代表大会上，为了确保女性能够参加各级世界性比赛，使机会均等原则在女运动员与男运动员中得到同等实施，国际奥委会通过了一系列重要决定。同时，在这个代表大会上还对《奥林匹克宪章》进行了修改，增加了必须促进女性参加各级体育运动的条目。另外，国际奥委会还建立了一个称之为“女性与体育”的工作组，由奥运会金牌获得者、美国的国际奥委会委员德弗郎茨领导。她作为女权的拥护人，担任过国际奥委会的副主席。建立“女性与体育”工作组的目的是，通过它向执行委员会适时提出应该采取何种战略才可以加强女性在奥林匹克运动中的作用。

四、奥林匹克教育的创新发展

以顾拜旦为代表的始创者们，之所以发起现代奥林匹克运动这场宏大国际社会运动，初衷就是实现教育。观察百余年的奥运发展史，奥林匹克运动本质上是按照教育的逻辑线索构建和发展起来的。离开了教育，奥林匹克运动不可能实现其崇高的目标。

（一）多元化发展趋势

奥林匹克主义的归宿和终点就是教育，顾拜旦创建和发展奥林匹克的目的就是在弘扬奥林匹克主义的过程中，形成教育青年的有效方法，实现全面和谐发展。他认为：教育是现代人生活中最重要的存在。考虑到这一想法，推行竞技运动并不是他发展奥林匹克运动的基本目的，在教育中纳入竞技运动，进而把教育纳入人类文化和生活过程中才是他的最终目标。

工业革命推动着人类社会实现了一系列显著的进步，但人们的生理、心理和社会行为等诸多方面又受到工业社会中的生产方式与生活方式的影响，出现了新的严重威胁：为实现人在新的社会条件下的全面发展，使社会存在的问题得到改善，各种社会改良方案被相继提出，而奥林匹克运动所提倡的完成这一历史使命的途径便是教育。因此，奥林匹克主义以教育为核心，要求按照包含相互理解、友谊、团结和公平比赛精神的奥林匹克精神开展没有任何形式歧视的体育活动来教育青年，从而为一个和平而更美好的世界的建立做出贡献。奥林匹克教育的构建逻辑是由个体到社会、由微观到宏观。在实现个人的全面发展之后，将之扩展到全社会，最终致力于改造社会，建立美好世界。所以，奥林匹克运动将教育作为出发点和归宿，在人类社会的发展中发挥了重要作用。

一直以来，奥林匹克教育中也存在着一些倾向：教育形式主要参考发达国家，主流价值取向也来源于发达国家对体育教育意义的判断。为推动奥林匹克教育的多样化，国际奥委会文化与奥林匹克教育委员会进行了不懈的努力，为讨论这个问题先后召开了各种相关会议，最终提倡采用的教育方式应该做到灵活多样、适用于各自的文化背景。

2002 年 8 月，在德国维斯巴登，国际奥委会文化与奥林匹克教育委员会召开了“寓教于体”世界论坛，在这一方面的讨论实现了突破。在这次论坛上北京奥组委的代表阐述了针对奥林匹克教育功能的理解，计划在 13 亿中国人中开展奥林匹克教育，对于丰富奥林匹克教育宝库展示出中国文化具有的独特价值。在发言中，中国教育部副部长韦钰女士对源远流长的中国传统体育文化的介绍，以及对其在学校中的巨大教育意义的阐述，使与会代表产生了极大兴趣。来自其他亚非国家的代表则将发展中国家“寓教于体”的生动画面展示出来，画面中因陋就简开展体育教育的方式给代表们留下了深刻的印象。这些都证明了 21 世纪的奥林匹克教育向多元化方向发展的趋势。

一百多年以来，对学校青少年的教育一直是奥林匹克教育基本构架的集中点，但奥林匹克教育不应局限于针对某一固定的群体进行，而应该开放给所有人群。比如：奥林匹克教育更多关注到女性群体，实现其自尊、自信、自立、自强，保障世界上许多地区的妇女受教育的基本权利；吸收奥林匹克运动留给世界的宝贵财富，推动男女平等；将奥林匹克教育拓展到伤残人群体中，为他们配制哑语、盲文读物来满足他们的基本需要，实现奥林匹克运动一直以来对公平和人的尊严的维护。

全球化的过程意味着人类需要不断实现空间、制度和文化障碍的跨越，为了达成更多共识在全球范围内充分相互沟通，共享人类文明成果，整合与分化、协调与冲突是这个进程中的主旋律。20 世纪末和 21 世纪初，人类既享受着全球化所带来的繁荣与发展，也对抗着它带来的困惑与不安。作为奥林匹克运动最重要的价值，教育的多样化、多元化能够促使奥林匹克运动社会发展过程中产生大量负面影响。这种变化虽然缓慢，却对奥林匹克运动的未来发展有着极其深刻的影响。

中国文化作为东方文化的代表，在五千年的悠久历史中实现了雄厚积累，魅力独特，能够使奥林匹克运动的教育宝库得到极大的丰富。作为融合的契机，北京 2008 年奥运会推动了奥林匹克教育的多元化发展，也加速了奥林匹克运动的多元教育发展。

（二）以青年为重点

从创建奥林匹克运动起，现代奥运之父顾拜旦就对视运动为纯粹的体育竞技运动这一观点持反对态度。他明确指出体育中蕴含着高度的教育价值，最重要的功能是帮助人类追求完美。他提出的奥林匹克主义中，体育与文化教育的结合是最实质的内容。奥林匹克主义能建立一所学校，使之有益于体育耐力和力量的发展以及高尚情操与纯洁心灵的培养，但实现这一目标的条件是必须在强化身体练习的同时不断加强运动员的荣誉观念和大公无私的精神。顾拜旦认为教育是奥林匹克主义的基本功能，通过体育活动来教育广大青年是恢复奥运会的主要目的。

体育属于所有人，目标是帮助所有人。除特殊项目外，运动员参加奥林匹克运动是没有年龄限制的。随着终身化、国际化的现代体育的发展，奥林匹克运动具有人类其他组织活动难以比拟的广泛性。由于处于长身体、长知识的时期，青年性情活泼好动，求知好奇，喜爱拼搏，崇尚英雄，对体育情有独钟，是社会中最活跃、最上进的群体。在生理年龄以及比赛技术难度等原因的影响下，青年人也成为体育运动的主体。在体育运动的过程中，青年人有了更加丰富多彩的余暇、生活空间和行为方式。奥林匹克所提倡的人文价值精神会抵制现代社会的负面影响，矫正和养护年轻人的成长与社会的发展。

青年是体育的基础与希望，体育运动要从小抓起。二者相互依存，是彼此成长和发展的希望。所以，奥林匹克运动的宗旨在《奥林匹克宪章》规定："通过开展没有任何形式歧视并按照奥林匹克精神——以相互理解、友谊、团结和公平比赛精神的体育活动来教育青年，从而为建立一个和平而更美好的世界做出贡献。"可以看到，奥林匹克运动的核心是教育，奥林匹克教育的重点则是青年。引导和推动奥林匹克运动健康持久地发展，才能使奥林匹克运动的教育价值体现出来。

起源于西方的现代奥林匹克运动，在百年来不断发展。近现代以来，由于经济发达，西方国家的城市一般作为现代奥林匹克运动会的举办地点。举办城市一般都会牢牢抓住奥运会举办的机会，以青年为重点，加强奥林匹克教育。因此西方的青少年主体有更多的机会参与体育文化，能够做到熟悉大部分的奥林匹克运动。

中国相对奥林匹克运动陌生且隔离接触现代奥林匹克运动较晚。实行全面改革开放之后，中国与国际奥委会才有了交流。改革开放以来，中国积极与奥委会接触，在组织积极申办奥运会中，逐步全面了解和学习奥林匹克运动的内容与精神，使奥运会知识更加普及。在一些专家学者的努力下，近年来我国对奥林匹克的研究创新工作得到了加强。但是在教育普及方面，还有很长的路要走，很大一部分青年人对奥林匹克运动的丰富内容一知半解。要解决这个问题，在奥运会的举办中加强奥林匹克教育是十分必要的。

作为全国的政治、文化中心，北京正向国际大都市的方向发展，同时因为举办了第29届奥运会，有重要的责任推动奥林匹克教育、先进文化建设在自身以及全国的发展。在举办2008年奥运会的过程中，北京提出“绿色奥运、科技奥运、人文奥运”三个理念，其中的灵魂和亮点是人文奥运，想要化人文奥运的理念为实践，必须充分关注人的和谐发展，大力开展奥林匹克教育。作为文化教育大国，中国有众多的学生人数，使奥林匹克教育贯彻落实到青年学生中这一重要工作，需要在中国长期开展。

（三）以大学为阵地

中国传统体育富含自身的特色，在健身养生以及表演娱乐功能上有所偏重。近代以来，进入学校体育教学或社会竞赛中的传统体育项目越来越多，成为富有特色的民族传统运动形式。在这期间，西方的体育形式以竞赛项目为主，传入中国后使得中国传统体育开始向近代体育的方向转变。在中国激烈动荡的社会的影响下，虽然转变过程充满曲折，但中国体育发展也因此得到了很多新鲜的活力。在这种转变过程中，大学起到了巨大的助推作用，在社会中传播了很多近代体育理念和运动项目。

大学在推动社会发展方面发挥着主力作用，全面开放办学，传播人类先进文化是我们必须要完成的任务。在政治、经济发展的影响下，大学在社会中的地位和影响越来越重要。当今社会的发展主流是向着知识经济社会迈进，大学正面对着世界不断提高开放程度，从社会的边缘走向社会的中心。人民的生活条件不断改善，对知识的渴望和需求也随着社会发展在不断强化，开始更迫切地追求包括奥运知识在内的各种知识，特别是追求运动和健康。中国有着世界上数量最多的大学，大学作为重要阵地推动着中国的社会发展、人才培养和知识创新，也承担着传播奥林匹克文化的重要任务。大学服务社会的重要表现形式之一便是为奥林匹克运动服务。

培养全面发展的人是大学的重要任务，在世界各国，均把体育列为学校培养人的重要内容，被普遍重视。同时，不遗余力地去实现。奥林匹克教育的目标与大学人文培养的目标高度一致，体育教育完成身心和谐发展，统一的人才培养。大学生是一个青年群体，本身就热爱运动，现代体育在发挥作用时也会被误解常常重视德育、智育，而忽视体育教育。

处在青春发育期的大学生，成长过程中不能忽视体育运动的重要作用。现代体育本身具有的教育功能还存在不足之处，如不同程度地轻视体育教育，在德育、智育、体育等相互关系的处理中，常常出现矛盾和对立的问题。因此，为了使奥林匹克知识与奥林匹克精神得到普及与传播，大力发展奥林匹克运动，必须在大学中开展奥林匹克教育。大学教育的内容不仅仅是身体运动，更多的是传播传授奥林匹克主义，使人得到全面和谐的发展。

大学生是社会接受高等教育，认同全人类共同价值观的一个高文化群体，世界各国都把在大学生中开展奥林匹克教育作为重要工作。在大学中开展奥林匹克教育可以使大学体育教学内容更加丰富，德育、智育、体育的有机结合得到促进，学生的全面素质得到提高。大学生一般能够以很高的热情参与奥林匹克运动，在社会群体中文化层次较高。在高水平竞技体育的发展与奥林匹克教育的创新上，大学生是大多数国家的主力，凭借着年龄特点与文化素质的优势，在各国竞技和众体育中地位十分独特。大学生不仅是历届奥运会的主要参与者，还积极支持着奥运会的举办，作为奥运会志愿者为奥林匹克运动贡献力量。奥运会主办城市常常在大学校园里选择一些运动项目的举办场地，也得到了高等学校对奥运会科技方面的大力支持。这一点在第 27 届悉尼奥运会澳大利亚诸大学对奥运会的各种支持中得到了充分证明。

以下是具体开展大学奥林匹克教育的措施：

（1）培养学生运动员

高等学校作为重要阵地，任务是为国家培养各级各类高素质人才。高等学校的重要职责便是为国家体育竞技培养优秀体育人才做出贡献。不管是奥运会还是单项竞技运动会的世界竞技体育，单单依靠力量、技术取胜的比赛已经成为过去，现在的比赛更多的是斗智斗勇，是心理、品质的全面较量。在这一点上大学生运动员更具优势。竞技体育中，许多项目的职业运动员很大一部分来自学校。学生运动员具有得天独厚的优势，如丰厚的学识、强烈的集体荣誉感、强大的心理素质以及对教练员战术意图的深刻理解等。1986年，中国国家体委和国家教育部在下发文件中，对德、智、体全面发展的高水平学生运动员在大学、中学的培养持鼓励和支持的态度。近年来，我国在以下方面均做出了努力尝试，如推动大学成为重要基地，促进高水平学生体育运动队的学习、训练和管理；体育系统在管理和领导体制上和大学充分合作，体育主管部和体育界为大学高水平学生运动队的训练、比赛以及资金等方面提供支持；为了满足不同运动项目的要求，在培养学生运动员的文化课学习和运动训练比赛并重方面实现从小学、中学到大学的衔接，全面发展德、智、体；成立研究小组，在多学科专家的参与下开展配套研究，发挥大学的综合科研优势，在科研上支持高水平运动员的培养等。在继续探索实践的同时，我们也应该多多吸收国外先进国家的经验。

（2）培养管理服务人才

奥林匹克随着社会的发展，已经与时俱进，站在了时代发展的最前沿，需要各方面优秀人才加入进来。中国大学教育中，急需加入现代体育文化内容，特别是应该开设奥林匹克文化这一类专业。培养符合现代奥林匹克需要的优秀管理服务人才，加强国际化教育，使更多的大学生能够加入奥林匹克文化传播的服务之中。

（3）开设奥林匹克专业

当前，除了一些体育院校之外，普通学校很少开设奥林匹克文化课程。要想解决这个困难，要重视教师培养，首先使教师充分理解奥林匹克文化，并且在奥林匹克文化的建设中，视其为校园文化、人文本质教育来进行。

（4）增强体育软硬件建设

按照教育部本科教学工作水平评估要求，一般3000名以上学生的综合性大学，人均运动场地面积不能低于3平方米，风雨操场面积不能低于0.5平方米。现在部分高校对体育教育缺乏认识且投入较少、管理薄弱，这极大地影响了学校体育教育和奥林匹克教育的开展。要通过评估，尽快改善条件，满足大学生体育活动的基本要求。

（5）加强体育教学工作

素质教育的重要组成部分之一就包括体育教育，结合奥林匹克教育活动与学校体育教学改革，融合学校开展的运动会，单项比赛，群众体育和社团体育，并且在大学课程中设置奥林匹克文化历史内容，发挥奥林匹克文化发展育人的良好作用。为了实现高校体育工作的切实加强，教育部已决定把青春健身运动推广到全国，主要包括的内容为：建设良好风气，全面实施《学生体质健康标准》，除了每个人达到体质要求，还要引导大、中小学校提交对体育教育的认识，养成体育的良好习惯。大学体育要对接于终身体育，促使大学生学会以正确的方法科学锻炼身体，实现至少两项运动技能的掌握，并应用在日后的工作生活中，在实处落实青春健身运动。

（6）营造奥林匹克氛围

在每年北京奥林匹克文化节举办期间，发挥北京第29届奥运会的引导作用与学生社团的主体作用，积极组织学生开展相关活动，如奥运知识竞赛、演讲或奥运会的举办模拟等，在平等参与中努力营造良好的校园文化氛围，使先进文化和社会主义精神文明建设在这个过程中得到加强。

参考文献

[1] 付超．高校体育文化与智慧校园建设的融合发展研究——评《高校体育文化教育研究》[J]．中国学校卫生，2022，43（04）：643．

[2] 张家伟．中华传统体育文化传承发展的立法保障探究 [J]．体育文化导刊，2022（04）：35–40．

[3] 刘璐，杨佳宇．文化自信视阈下湖湘民族传统体育文化发展研究 [J]．武术研究，2022，7（04）：98–100．

[4] 艾显斌．乡村振兴战略背景下民俗体育文化传承研究——基于环巢湖的实证分析 [J]．通化师范学院学报，2022，43（04）：22–29．

[5] 兰卉，吴燕．福建自贸区闽台体育文化产业对接与合作研究 [J]．体育科学研究，2022，26（02）：12–15．

[6] 陈志平．乡村振兴战略背景下村落体育文化资源开发路径——以白玉村为例 [J]．海峡科学，2022（03）：83–87．

[7] 谢罗希，梁冬冬．"一带一路"背景下我国体育文化传播研究 [J]．广州体育学院学报，2020，40（03）：50–53．

[8] 李伟．"健康中国"视域下青少年体育文化教育研究 [J]．青少年体育，2020（05）：26–27，37．

[9] 王涛．茶文化时代高职体育文化建设路径探究对提高学生综合素质的作用 [J]．福建茶叶，2020，42（05）：155–156．

[10] 汪彬，汪俊祺．创意视角下徽州农村民俗体育文化产业发展及扶贫困境与对策 [J]．商丘师范学院学报，2020，36（06）：81–83．

[11] 田华．面向民俗体育文化传承的高校公共体育课程改革 [J]．国际公关，2020（05）：51–52

[12] 董跃春．海洋体育文化生态发展困境与破解策略研究 [J]．当代体育科技，2020，10（13）：179，181．

[13] 司幸伟，程思宇．五大发展理念指导下高校校园体育文化建设对策研究 [J]．武术研究，2020，5（04）：114–116．

[14] 黄小花．乡村振兴战略下四川农村体育文化发展路径研究 [J]．武术研究，2020，5（04）：129–130，139．

[15] 景军艳．文化视角切入 助推旅游发展——河东民俗体育文化旅游的创新开发实践 [J]．体育科技，2020，41（02）：97–98．

[16] 黄晓磊．浅谈促进体育产业与体育文化产业融合发展的探索研究 [J]．才智，2019（35）：238．

[17] 黄向平，阮奎．民族体育文化对少年儿童体智能健康发展的作用 [J]．梧州学院学报，2019，29（06）：42–46．

[18] 周丽凤，宋强．两岸客家体育文化的演进发展与新时代展望 [J]．体育科学研究，2019，23（06）：7–12．

[19] 康亚，李良明，杨爱华．文化强国背景下高校校园体育文化建设的诊断与提升策略 [J]．当代体育科技，2019，9（32）：164–165．

[20] 张建，张艳．凉山彝族传统体育文化记忆的消解与重构——以“朵乐荷”为例 [J]．四川戏剧，2019（10）：126–130．

[21] 马耀明．黑龙江省冰雪体育文化的产生及发展研究 [J]．中外企业家，2019（31）：223．

[22] 谷茂恒．精准扶贫背景下湘西休闲体育文化创新发展路径研究 [J]．体育科技，2019，40（05）：44–45，47．

[23] 张羽莎．湘西山江苗寨传统体育文化保护与乡村旅游开发融合现状研究 [J]．武术研究，2019，4（05）：104–106，120

[24]．曲靖师范学院国家体育总局体育文化研究基地概况 [J]．曲靖师范学院学报，2019，38（03）：2，129．

[25] 韩洋．“互联网 +”背景下构建高校体育文化生态环境的研究 [J]．黑龙江科学，2019，10（09）：60–61．

[26] 侯猛．“互联网 + 体育”背景下高校特色体育文化建设研究 [J]．体育世界（学术版），2019（03）：56–57．

[27] 朱建方．提升河北省体育文化软实力路径的研究 [J]．智库时代，2019（16）：

143+153.
[28] 郝宝泉，桂佳. 试论校园体育文化建设与高校思想政治工作的相互作用 [J]. 职业技术，2019，18（04）：5–9.
[29] 王宏江，王永顺，刘爱玲，郭晨光. 体育文化促进城市转型发展研究——以美国印第安纳波利斯为例 [J]. 北京体育大学学报，2019，42（04）：112–120.
[30] 李影. 校园体育文化对大学生体育锻炼行为的影响——以安徽审计职业学院为例 [J]. 滁州学院学报，2019，21（02）：79–81.